ELOGIOS PARA *LA AGENDA DEL CORDERO*

«El reverendo Rodriguez revela que estamos tratando el choque entre agendas de interés humano que no están muy lejos de las que mi padre afrontó en abril de 1963. Él también propone la necesidad de regresar a los principios básicos de la fundación de nuestra nación, que eran bíblicos».

—BERNICE A. KING, FUNDADORA Y PRESIDENTA,
BE A KING ENTERPRISES, LLC (DEL PREFACIO)

«*La agenda del Cordero* es un llamado alto y claro para que los cristianos acepten la verdad y la gracia en igual medida. Sam cree que si podemos lograr ese equilibrio, Estados Unidos puede que esté en el umbral de un Tercer Gran Despertar. ¡Oro para que así sea!».

—JIM DALY, PRESIDENTE, FOCUS ON THE FAMILY (DEL PREFACIO)

«*La agenda del Cordero* es el Manifiesto Cristiano para la iglesia en el siglo XXI y es lectura obligada. Los principios bíblicos presentados por Rev. Samuel Rodriguez revolucionarán la iglesia y restaurarán los valores bíblicos en una cultura que necesita desesperadamente renovación. El reverendo Rodriguez describe la relación entre la salvación en Cristo y la participación cultural mejor que nadie. Es un fuerte predicador que ha articulado con maestría su estimulante mensaje del significado vertical y horizontal de la cruz en una huella para el avivamiento y la transformación cultural».

—MATHEW STAVER, FUNDADOR Y PRESIDENTE, LIBERTY COUNSEL;
PRESIDENTE, LIBERTY COUNSEL ACTION; PRESIDENTE, FREEDOM FEDERATION;
DECANO Y PROFESOR DE DERECHO, LIBERTY UNIVERSITY SCHOOL OF LAW

«Sam Rodriguez es uno de los jóvenes líderes con mirada más clara y mente más aguda, articulado y bíblicamente sensible en el horizonte de la iglesia actualmente. Sus prioridades espirituales son la justicia, su corazón por Dios y que se levante un pueblo con valores bíblicos, y su estilo de vida de servicio y santidad práctica son verificablemente coherentes con la Palabra. Él es razonable y convincente; fijando siempre su caso en Cristo, como Señor de la iglesia. Nos insta a todos hacia la humildad de corazón que nos permitirá leer, repasar y considerar seriamente *La agenda del Cordero*».

—Jack W. Hayford, fundador y rector,
The King's University–Los Ángeles, California

«Cuando escucha el mensaje del pastor Samuel Rodriguez, oye usted a un hombre con una pasión por comunicar el mensaje de la cruz y persuadir a los creyentes a regresar al fundamento básico sobre el cual fue establecido el cristianismo. Samuel está desesperado por ver a Estados Unidos de América regresar a los valores piadosos. *La agenda del Cordero* es un llamado a la acción que impactará al lector para que reflexione en el papel que la iglesia debe desempeñar en estos últimos tiempos. Página tras página usted será convencido de la agresiva postura que los cristianos deben adoptar a fin de establecer el reino de Dios en la tierra».

—Rev. Alberto M. Delgado, M.A., Th. D.; pastor principal,
Alpha & Omega Church; presidente,
Hispanic Ministers Association of Greater Miami

«Con la elocuente pasión de un predicador, el líder hispano nacional Samuel Rodriguez insta a todos los cristianos a unir la fe personal en Jesús con un compromiso con la justicia social: lo vertical con lo horizontal. Este es un llamado alto y claro a que los cristianos tengan impacto en la plaza pública. *La agenda del Cordero* estimulará la conversación, incluso el desacuerdo, pero lo que busca en última instancia es generar un profundo cambio en el statu quo».

—Dr. M. Daniel Carroll R. (Rodas), PhD.,
Profesor Distinguido de Antiguo Testamento, Seminario de Denver

LA AGENDA DEL CORDERO

POR QUÉ JESÚS LE LLAMA A UNA VIDA DE RECTITUD Y JUSTICIA

SAMUEL RODRIGUEZ

GRUPO NELSON
Una división de Thomas Nelson Publishers
Desde 1798

NASHVILLE DALLAS MÉXICO DF. RÍO DE JANEIRO

Publicado en Nashville, Tennessee, Estados Unidos de América. Grupo Nelson, Inc. es una subsidiaria que pertenece completamente a Thomas Nelson, Inc. Grupo Nelson es una marca registrada de Thomas Nelson, Inc.
www.gruponelson.com

Título en inglés: *The Lamb's Agenda*

Publicado por Thomas Nelson, Inc.

Editora en Jefe: *Graciela Lelli*
Traducción: *Belmonte Traductores*
Adaptación del diseño al español: *Grupo Nivel Uno, Inc.*

ISBN: 978-1-60255-871-7

Impreso en Estados Unidos de América

13 14 15 16 17 RRD 9 8 7 6 5 4 3 2 1

Contenido

Prefacio

Prefacio por Berenice A. King

Fundadora y presidenta,

Be A King Enterprises, LLC

El 16 de abril de 2013 conmemoramos el quincuagésimo aniversario de la carta de mi padre desde una cárcel en Birmingham. En esa carta, él respondió a un grupo de clérigos que reprendieron sus acciones por ser poco sabias, poco oportunas y radicales. Los clérigos buscaban apelar a la agenda del hombre y el interés propio, mientras que la agenda de mi padre provenía de lo alto. La primavera de 1963 fue un periodo oscuro para la dividida comunidad eclesial. Esa división reflejaba una nación quebrantada, originalmente construida sobre principios bíblicos, que comenzó a perder su disciplina y cedió a una agenda diferente. Nuestra nación olvidó algunos de los principios de su fundación y se permitió a sí misma ser llevada por una lenta maquinaria política que solamente aplacó los clamores del pueblo que más la necesitaba.

El reverendo Samuel Rodriguez nos hace un llamado a la acción en este libro. Él reconoce que la maquinaria política actual está repitiendo sus errores de hace cincuenta años. El reverendo Rodriguez nos recuerda que tenemos la responsabilidad de levantar la voz. Él llama a la iglesia a reconocer que no debe transigir su rectitud espiritual en su activismo político. El reverendo Rodriguez revela que estamos tratando el choque entre agendas de interés humano que no están muy lejos de las que mi padre afrontó en abril de 1963. Él también propone la necesidad de regresar a los principios básicos de la fundación de nuestra nación, que eran bíblicos.

Nuestros padres fundadores tenían la disciplina de llevar la Biblia en una mano y una agenda para la democracia en la otra. Nuestra historia está marcada por los esfuerzos de líderes fuertes como mi padre, el doctor Martin Luther King Jr., y mi madre, Coretta Scott King. Su tenacidad ayudó a llevar a una nación a atravesar la agitación y las revueltas.

A medida que reflexiono, intento discernir cuál podría ser el elemento común que poseían aquellos líderes. El que destaca es la disciplina de defender lo que es recto y justo. En nuestro celo por el progreso y el cambio hemos perdido nuestra disciplina de seguir rectitud y justicia. Nuestra falta de disciplina nos sitúa en una posición que desafía nuestra lealtad a Dios y a su reino. Así, vemos la ausencia del Espíritu de Cristo en muchos ámbitos de nuestra cultura y en las vidas de algunos cristianos en la actualidad.

¿Nos hemos convertido en un pueblo con dos ciudadanías: una del gobierno y otra del reino de Dios? Nos vemos forzados a plantear esta pregunta cuando vemos a oficiales electos que hacen concesiones ellos mismos para mantener el favor del partido, inclusive al transigir su defensa de lo que es recto y justo. Vivimos en una época que llama a un remanente de personas que lleven la agenda del Cordero una vez más. Es momento de guiar a nuestro país más allá de estos oscuros y difíciles tiempos.

Necesitamos dar un paso atrás y ejercitar la sabiduría espiritual que hay en este libro. Debemos expulsar el lodo de la inmoralidad al igual que las piedras de la injusticia social que se nos lanzan. Estaremos firmes contra los levantamientos en nuestra cultura. Al igual que mi hermano latino ha predicado a tantas personas, nosotros en el Cuerpo de Cristo debemos aprender a reunirnos en el nexo de la cruz, donde lo horizontal y lo vertical se encuentran. Ese nexo del que él habla es la huella del movimiento de mi padre tomado del Sermón del Monte. Ese nexo es el principio básico que aprendemos en la cruz: amor.

Hebreos 12.11 dice: «Es verdad que ninguna disciplina al presente parece ser causa de gozo, sino de tristeza; pero después da fruto apacible de justicia a los que en ella han sido ejercitados». Necesitamos ese llamado a la disciplina hoy de modo que podamos soltar el fruto de rectitud y amor. El reverendo Rodríguez describe en el capítulo 9 cómo podemos hacer eso. Él nos insta a regresar a los fundamentos y convertirnos en líderes «Juan el Bautista». Debemos servir con humildad, y eso necesita producirse ahora.

En palabras de mi padre, ha expirado el tiempo de hablar de boca para afuera. Ahora es el tiempo de servir con la vida. Como hija de él, le exhorto a elevar la norma y responder esta pregunta tan importante: ¿dónde sitúa usted su lealtad? ¿Está con el burro, el elefante, o ejercitará la disciplina necesaria para adherirse al llamado del reverendo Rodriguez, y agarrará la agenda del Cordero y dará avance al reino de Dios?

PREFACIO POR JIM DALY
PRESIDENTE DE ENFOQUE A LA FAMILIA

EN ENFOQUE A LA FAMILIA HABLAMOS CON FRECUENCIA SOBRE la necesidad de que todos nosotros, como cristianos, vivamos vidas que estén caracterizadas por *ortodoxia* y *ortopraxia*. Lo que queremos decir es que para los seguidores de Cristo, el pensamiento o la creencia correctos (ortodoxia) va de la mano con las acciones correctas (ortopraxia). Si se pone demasiado énfasis en uno a expensas del otro, se corre el riesgo de volverse débil e ineficaz en la fe. Un fuerte énfasis en la teología, sin actos prácticos de amor y servicio, queda vacío. Pero una larga lista de «buenas obras» también puede quedarse vacía si no está informada por la Verdad de Dios.

Podemos ver que este tema resuena a lo largo de la Escritura. Santiago nos advierte que «la fe [ortodoxia] sin obras [ortopraxia] es muerta» (Santiago 2.20). Pablo dice: «Y si tuviese profecía, y entendiese todos los misterios y toda ciencia, y si tuviese toda la fe, de tal manera que trasladase los montes, y no tengo amor, nada soy» (1 Corintios 13.2). En la economía de Dios, el pensamiento correcto y los actos correctos siempre tienen que estar en un adecuado equilibrio. «Oh hombre, él te ha declarado lo que es bueno, y qué pide Jehová de ti: solamente hacer justicia, y amar misericordia, y humillarte ante tu Dios» (Miqueas 6.8). «La religión pura y sin mácula delante de Dios el Padre es esta: Visitar a los huérfanos y a las viudas en sus tribulaciones, y guardarse sin mancha del mundo» (Santiago 1.27).

Mi amigo, el reverendo Sam Rodriguez, posee un profundo entendimiento de esta necesidad de simetría y síntesis entre ortodoxia y ortopraxia. De hecho, me encanta el modo en que él utiliza la cruz de Cristo como una imagen del equilibrio perfecto entre ambas cosas. El madero vertical, que señala hacia el cielo, nos orienta hacia Dios Todopoderoso y nos capacita para conocer la verdad por medio de Jesucristo. El madero horizontal nos hace mirar hacia afuera, al mundo que nos rodea, a medida que la verdad transforma nuestros corazones y nos impulsa a acercarnos en amor a nuestras familias, amigos, vecinos y, sí, incluso a nuestros enemigos.

En una reciente emisión por radio de *Enfoque a la Familia*, Sam describió esto como «una cosmovisión bíblica general en la que

Juan 3.16 se encuentra con Mateo 25». Y él ha evocado a dos de los predicadores más importantes de los tiempos modernos para hacer entender su punto. Nos reta a aceptar el humilde y evangelístico corazón del reverendo Billy Graham junto con el apasionado fervor por la justicia social del difunto reverendo Martin Luther King Jr. ¡Me gusta esta yuxtaposición! Puedo verla en los esfuerzos de Enfoque a la Familia para hacer notar la terrible situación de los huérfanos, para proteger las vidas de niños aún no nacidos y para ministrar en el nombre de Jesús a familias que sufren. Sin duda, no todo el tiempo conseguimos bien el equilibrio, pero consideramos firmemente esos esfuerzos como parte de esa cosmovisión bíblica general que Sam nos desafía a aceptar.

Sin embargo, cuando leo sus palabras recuerdo otro personaje icónico: ¡Superhombre! Aunque es ficticio, el Hombre de Acero también personifica la armonía entre verdad (ortodoxia) y justicia (ortopraxia). Sin embargo, existe una importante distinción que hay que hacer aquí. Los cómics nos dicen que Superhombre estaba comprometido a «la verdad, la justicia y el modo de vida norteamericano». Sam comparte esa misma pasión por la verdad y la justicia, pero sabe que hay un solo modo de vida: el modo de Dios. De hecho, «el modo de Dios» es realmente otra toma del título del libro que tiene usted en sus manos: *La agenda del Cordero.*

A medida que lea las páginas siguientes, espero que capte una visión para la transformación personal y cultural que es posible cuando aceptamos el corazón de Cristo y lo compartimos con el mundo que nos rodea. Sam cree que si podemos lograr este equilibrio, el entre ortodoxia y ortopraxia, entre los maderos vertical y horizontal de la cruz, Estados Unidos puede que esté en el umbral de un Tercer Gran Despertar. ¡Oro para que así sea!

INTRODUCCIÓN
El Tercer Gran Despertar

IMAGINE.

Imagine una aldea, un pueblo, un suburbio o una ciudad en cualquier lugar en Norteamérica al final de una despreocupada mañana de domingo en el mes de mayo. Imagine también las señales de las sencillas glorias de Dios en pleno desarrollo, cada flor abriéndose a los cielos, cada brizna de hierba apuntando a los cielos, la cara de cada niño mirando hacia arriba con una sonrisa.

Imagine un campo de golf esta mañana de domingo, exuberante y bien cuidado pero sin nadie sobre él, un gran supermercado Walmart sin nadie en él, un próspero centro comercial sin nadie que lo recorra apresuradamente.

Imagine el luminoso y resplandeciente nuevo hospital, cuya plantilla de urgencias trata la ocasional picadura de abeja, o tobillo roto o desmayo, pero que no están en absoluto cansados debido a víctimas de disparos a primera hora del domingo o sobredosis, esas tristes aflicciones de hace ya muchos años y ahora tan obsoletas como el SPM, el VPH o el VIH.

Imagine la vieja cárcel del estado en las afueras de la ciudad, los alambres de espinos reciclados, las vallas derribadas, las celdas reestructuradas y convertidas en salones de clases para la nueva universidad comunitaria donde quienes antes fueron oficiales del correccional aprenden juntos diferentes profesiones; la policía local no necesitará nuevos oficiales en años.

Imagine Main Street, la calle principal tranquila ahora en la mañana de un domingo a excepción de la vieja panadería o tienda de ultramarinos, pero que pronto estará llena de familias; los negocios de tatuajes cerrados por falta de dinero, las casas de empeño cerradas, los clubes de striptease lejanos en la memoria, y la vieja clínica abortiva que ahora es un recuerdo en gran parte con el espíritu del Museo del Holocausto.

Ahora imagine la verdadera acción. Puede oírla, sentirla, sentir la vibración resonando en las paredes de una iglesia tras otra en toda la ciudad: en la sección que solía llamarse un gueto, en la parte antes conocida como el «barrio», en la comunidad anteriormente cercada.

Escuche el pulso de las iglesias evangélicas, sin duda, pero también de iglesias cristianas más establecidas y de las iglesias católicas. Escúchelo, también, en las viejas iglesias protestantes tradicionales que han sacudido las telarañas, han dejado de predicar sobre las noticias del ayer y han renovado sin disculpa alguna su relación con Jesús.

Imagine pasillo tras pasillo de todas esas iglesias lleno de niños, y cada niño bien vestido y bien portado, con una madre y un padre que les quieren. Imagine a esas familias intactas, que oran y están centradas en Dios, compartiendo libremente su tiempo y sus recursos con quienes son menos afortunados. Imagínelos, mediante su generosidad, relegando a esas burocracias de la asistencia social, sin rostros y que desmoronan familias, a los libros de historia.

Imagine las caras de las personas en esas iglesias tan vigorosas, tan llenas de alegría en el Señor, tan rebosantes de esperanza y tan asombrosamente diversas que frases como «iglesia de negros», «iglesia de latinos» o «iglesia de blancos» han perdido todo significado cultural.

Imagine el espíritu de esta cultura del reino, estos cristianos creyentes en la Biblia mientras se acercan al Señor y se acercan a sus congéneres, a medida que cantan, oran y alaban a Dios sin vergüenza alguna, sin temor al ridículo, sin tener que prepararse para alguna nueva batalla en una guerra cultural que ellos no comenzaron.

Ahora, recuerde el tiempo en que aquellos soldados cristianos armados con la verdad e inspirados por Cristo, mansos como el cordero y rugientes como el león, marchaban hacia adelante y ganaban esas batallas, no con venganza en sus mentes sino con reconciliación, no mediante la imposición de una religión sino mediante la proposición de una relación. Recuerde el modo en que el Espíritu Santo penetraba en algunos corazones muy endurecidos, hasta que finalmente incluso los escépticos más impenetrables tenían que conceder que la vida ahora, en el presente espiritual, era tangiblemente mejor que en nuestro pasado materialista y emocionalmente mucho más abundante.

Ahora celebre la vida hecha real por medio del Tercer Gran Despertar, el primero en casi dos siglos, y el camino que Dios ha puesto delante de nosotros para salvar a esta gran nación. Si tenemos el carácter y la valentía de seguir por ese camino, lo que usted está imaginando, celebrando y agradeciendo a Dios es nuestro futuro mismo como iglesia y como nación a medida que seguimos la agenda del Cordero.

«Era el mejor de los tiempos, era el peor de los tiempos», nos dice Charles Dickens al comienzo de *Historia de dos ciudades*. Esa parte la hemos escuchado todos anteriormente, pero vale la pena escuchar algo más de la cita de Dickens:

> Era la era de la sabiduría, era la era de la necedad, era la época de la creencia, era la época de la incredulidad, era el período

de la luz, era el período de la oscuridad, era la primavera de la esperanza, era el invierno de la desesperación, teníamos todo delante de nosotros, no teníamos nada delante de nosotros, todos íbamos directamente al cielo, todos íbamos directamente en la otra dirección.[1]

Dickens estaba escribiendo en el año 1859 sobre una época que había comenzado en 1775. Más de 150 años después de Dickens, siento confianza al escribir exactamente esas mismas palabras acerca de nuestra época actual. Sí, vivimos en tiempos difíciles: tiempos de gran incertidumbre, consternación, angustia y constantes cambios. Sí, escritores seculares de obituarios ya han comenzado a redactar sus tibias elegías al cristianismo estadounidense. Sí, algunos eruditos y líderes dentro de la iglesia se han unido a ese ruidoso coro. Debido a sus propias razones, han llegado a la infeliz conclusión de que el cristianismo en Estados Unidos no sobrevivirá al siglo XXI de ninguna manera viable o sostenible. Pero ¿acaso no hemos oído todo esto anteriormente?

El historiador romano Tácito, escribiendo hace casi dos mil años, nos dijo que el emperador Nerón creía que había dado fin a esa «clase odiada por sus abominaciones, que comúnmente son denominados cristianos» Tácito escribió:

Burlas de todo tipo se añadían a sus muertes.

Cubiertos con las pieles de animales, eran despedazados por perros y perecían, o eran clavados a cruces, o eran condenados a las llamas y arder, para servir como iluminación nocturna, cuando la luz del día había cesado.[2]

Si los cristianos pudieron sobrevivir a Nerón, si pudieron sobrevivir a Lenin y a Hitler, entonces pueden sobrevivir al presente materialista. Ya han sobrepasado a los Beatles, cuyo John Lennon nos dijo hace casi cincuenta años: «El cristianismo pasará. Se desvanecerá y disminuirá. No tengo necesidad de argumentar eso; tengo razón y se demostrará que así es. Nosotros somos más populares que Jesús ahora; no sé qué será primero, si el rock and roll o el cristianismo».[3]

Ruego diferir de la premisa de que la iglesia se desvanecerá y disminuirá. Ruego encarecidamente diferir. Ruego orgullosamente diferir. Porque aunque el mercado de la vivienda pueda desmoronarse, la Bolsa de Valores pueda caer en picado y los bancos puedan fracasar, la iglesia de Jesucristo está viva y en buen estado. Superficialmente sí, es el peor de los tiempos, pero gracias a Jesús es en gran medida el mejor de los tiempos: el período de la luz, la primavera de la esperanza.

A decir verdad, creo que el siglo XXI será testigo del mayor movimiento cristiano transformador en nuestra historia. Este movimiento afirmará la ortodoxia bíblica, reformará la cultura, transformará nuestro discurso político, y dará entrada a un nuevo Gran Despertar. Estoy convencido, para parafrasear a Dickens, de que sí tenemos todo delante de nosotros.

Sin embargo, este movimiento será distinto a todo lo que hayamos visto jamás. En primer lugar, reconciliará la filosofía de Billy Graham con la del doctor Martin Luther King. En segundo lugar, activará la iglesia multiétnica de cultura del reino como el hogar natural de la rectitud y la justicia. En tercer lugar, servirá como la plataforma para una generación activista, una actualmente desconectada de la iglesia pero que busca servir a una causa mayor que ella misma.

Cuando llegue el momento, solo un fenómeno impulsará este Tercer Gran Despertar, y es el ímpetu de la cruz. Estoy convencido de que Dios no ha terminado con Estados Unidos, y Estados Unidos no ha terminado con Dios. Porque al final, nuestra nación será salva no mediante la agenda del asno, o la del elefante.* La única esperanza de nuestra nación se encuentra en la agenda del Cordero.

* El asno es el símbolo del partido demócrata, representando digna humildad, patriotismo, ingenio, talento y coraje. El elefante es el símbolo del partido republicano, representando dignidad, fuerza e inteligencia. (N. del trad.)

1.
Un movimiento de la cruz: vertical y horizontal

La vida es una cruz. Ningún otro símbolo incorpora pasión y promesa como la cruz: un sencillo símbolo que representa dos maderos, uno vertical y otro horizontal, que marcó exitosamente la eterna esperanza de gloria para toda la humanidad.

Madison Avenue y campañas multimillonarias no han sido capaces de reproducir ningún símbolo comparable. La lealtad, el compromiso e incluso, hasta cierto grado, el compromiso multigeneracional con un mensaje ha sido comunicado mediante el humilde conducto de esta marca, no escrito en la madera sino encarnado en el espíritu de lo que representa: gracia y vida eterna.

Ese símbolo cristiano universal, ruidosamente y con una persuasión desatada, no solo comunica un mensaje de lo que ha de venir, sino también de lo que es verdaderamente la vida: una cruz. Jesús dijo: «Tome su cruz cada día y sígame».

La cruz es vertical y también horizontal. Verticalmente, nos mantenemos conectados a Dios, a su reino, a la vida eterna, a las verdades espirituales, a los principios divinos y a la gloria. Horizontalmente, a nuestra izquierda y a nuestra derecha, existimos rodeados y revelados mediante comunidad, relaciones, familia, cultura y sociedad.

Dicho con sencillez, la cruz es a la vez vertical y horizontal, redención y relación, santidad y humildad, pacto y comunidad, reino y sociedad, rectitud y justicia, salvación y transformación, ethos y pathos; es Juan 3.16 y Lucas 4, ortodoxia y ortopraxia, Billy Graham y el doctor Martin Luther King Jr., fe y política pública, *imago dei* y *habitus Christus*, oraciones y activismo, santificación y servicio, la Nueva Jerusalén y Washington DC.

Por demasiado tiempo, la gente ha vivido o bien verticalmente o bien horizontalmente. Pocos, incluso en el liderazgo cristiano, han tenido éxito en vivir, hablar y ministrar desde donde hacen intersección los planos vertical y horizontal de la cruz: el nexo del cristianismo, el vientre del cual surge la agenda del Cordero.

EL NEXO DE LA CRUZ

Históricamente, los evangélicos de raza blanca se han enfocado primordialmente en dos asuntos principales: la vida y la familia. Es comprensible que los cristianos de raza negra hayan tenido tendencia a enfocarse en los elementos de justicia social del mensaje del evangelio que hablan a problemas de pobreza, educación y racismo. La agenda del Cordero reconcilia los elementos vertical y horizontal de la cruz: una plataforma de rectitud y justicia. En otras palabras, el nexo cristiano de unos valores o ethos de cultura del reino y una directiva de misión transformadora que no es *o bien... o bien* sino *y... y*.

Este nexo es el lugar donde la convicción se casa con la compasión, donde el pez se cruza con el pan, donde la verdad le da la mano a la misericordia. El próximo y gran movimiento transformador y profético en nuestra nación debe permanecer comprometido con la cruz vertical y horizontal, el lugar donde reconciliamos la óptica de la redención con la métrica de la reconciliación.

Necesitamos una iglesia comprometida a salvar a los perdidos y transformar nuestras comunidades, a abordar el pecado a la vez que confronta la injusticia. Necesitamos una iglesia que defienda la vida y sea antipobreza, que fortalezca el matrimonio y ponga fin al tráfico de seres humanos. Una iglesia no es una proposición de *o bien... o bien*; es una comunidad de *y... y*. Es rectitud *y* justicia.

La vida es vertical y horizontal: una cruz. El individuo puede vivir en un plano o, si es un nihilista puro, en ningún plano en absoluto. Pero ¿por qué escogemos entre uno u otro cuando podemos habitar en el punto más fuerte: el centro? El alma equilibrada encuentra su hogar en el nexo donde la fe se cruza con la acción, la rectitud se cruza con la justicia, y lo profético hace intersección con lo práctico.

UN MOVIMIENTO GUIADO POR LA IGLESIA

Estos conductos convergentes de rectitud y justicia sirven como la plataforma para la entidad más poderosa y catalítica del planeta: la iglesia de Jesucristo. Mientras que instituciones, naciones, gobiernos y corporaciones fracasan, una institución siempre vivirá: la iglesia de Cristo. Mateo 16.18 dice claramente: «Y yo también te digo, que tú eres Pedro, y sobre esta roca edificaré mi iglesia; y las puertas del Hades no prevalecerán contra ella».

La agenda del Cordero solo puede tener éxito cuando la iglesia centrada en Cristo y creyente en la Biblia dirija el camino. ¿Por qué? Nunca en la historia estadounidense hemos experimentado un cambio sostenible a largo plazo sin que la comunidad que sigue a Cristo encienda la llama de la rectitud. Desde el movimiento abolicionista hasta el movimiento por los derechos civiles y el movimiento a favor de la vida, la comunidad cristiana ha dirigido el camino. Los cristianos siempre han estado en la vanguardia. Nuestra fe proporciona el imperativo moral. Nuestro Dios, el Dios de todos, proporciona la gracia para oír el llamado y la valentía para actuar. Ahora más que nunca, la agenda del Cordero requiere que la iglesia creyente en la Biblia se levante una vez más.

Actualmente, nos enfrentamos al menos a cuatro importantes amenazas para el cristianismo en Estados Unidos:

relativismo moral,
decadencia cultural,
apatía ritual e
indiferencia eclesiástica (el espíritu gobernante de la iglesia tibia).

De todas esas amenazas, ninguna es más subversiva que una congregación indiferente en una iglesia tibia.

LA IGLESIA TIBIA

¿Por qué una iglesia tibia plantea el mayor peligro para el discurso cristiano en nuestra vida? Dicho con sencillez, una iglesia tibia y que tolera el pecado carece de la autoridad moral para hablar verdad al poder. Solamente da la ilusión de ser una fuerza espiritual en un mundo material. Como tal, puede ser, y con frecuencia es, conquistada por las fortalezas de maldad.

Dietrich Bonhoeffer experimentó esto de primera mano.[1] Como cristiano dinámico y creyente en la Biblia en la Alemania de la década de 1930, Bonhoeffer observaba con horror mientras que la iglesia cristiana «oficial» alemana se congraciaba con el Nacional Socialismo, entonces en el poder. Como tal, la iglesia dio a los cristianos alemanes la ilusión de que debían ser a la vez buenos nazis y buenos cristianos. Muchos cayeron bajo la influencia de Hitler y educadamente desviaron su mirada a medida que él procedía a pasar de una maldad a otra.

Bonhoeffer, sin embargo, entendía la agenda del Cordero y el simbolismo de la cruz. Sabía que solo mediante la gracia de Dios y el poder de su Palabra podía encontrar la fortaleza para insistir en la justicia social para sus compatriotas perseguidos, muchos de los cuales ni siquiera eran cristianos. Él entendía que el plano horizontal de la cruz no terminaba en las paredes de su iglesia.

Como Pablo argumentó en Romanos 12.18: «Si es posible, en cuanto dependa de vosotros, estad en paz con todos los hombres». Y como Jesús mismo mandó a sus apóstoles: «Por tanto, id, y haced discípulos a todas las naciones, bautizándolos en el nombre del Padre, y del Hijo, y del Espíritu Santo; enseñándoles que guarden todas las cosas que os he mandado; y he aquí yo estoy con vosotros todos los días, hasta el fin del mundo» (Mateo 28.19–20).

Esta fue una idea cristiana radical: que todos nosotros, sin considerar dónde vivamos o cómo nos veamos, somos hermanos y hermanas en Cristo. Esta es una idea que Bonhoeffer se tomó en serio. Por sus esfuerzos, como él siempre supo que podría suceder, fue encarcelado y ejecutado. Murió una muerte de santo. Muchos de sus compañeros cristianos murieron también bajo el poder de Hitler, pero demasiados de ellos se aborrecieron a sí mismos por su complicidad en su propia muerte.

Ninguno de los colegas de Bonhoeffer expresó su lamento de modo más patético que el pastor luterano Friedrich Niemöller. Al comienzo del ascenso de Hitler, él frustró a Bonhoeffer con su tibieza, su deseo de ser a la vez un buen cristiano y un buen nazi. Para mérito de él, Niemöller vio el error de sus caminos. Su resistencia a Hitler hizo que fuese encarcelado durante ocho años, escapando por poco a la ejecución. Acerca de su camino hacia la cárcel, Niemöller dijo acertadamente:

> Cuando Hitler atacó a los judíos, yo no era judío; por tanto, no me concernía. Y cuando Hitler atacó a los católicos, yo no era católico y, por tanto, no me concernía. Y cuando Hitler atacó a los sindicatos y los empresarios, yo no era miembro de los sindicatos y no me concernía. Entonces Hitler me atacó a mí y a la iglesia protestante; y no quedó nadie a quien le concerniese.[2]

Los cristianos en China actualmente hacen frente a muchos de los mismos desafíos que Bonhoeffer afrontó en Alemania. Los comunistas que dirigen el estado toleran los servicios en la iglesia cristiana del mismo modo en que Hitler una vez lo hacía; es decir, dentro de los estrechos límites teológicos dictados por la Administración Estatal para Asuntos Religiosos. Los cristianos que prestan atención a las palabras de Jesucristo sin ser filtradas por el estado se enfrentan a la persecución.

Entre la más destacada en la resistencia está la iglesia Shouwang. La iglesia comenzó como un grupo de estudio bíblico familiar en 1993 y se extendió hasta más de diez congregaciones en el año 2005. Al crecer tan rápidamente, la iglesia Shouwang captó la atención de las autoridades. Ellos pidieron a los líderes de la iglesia que se unieran a la denominada «iglesia patriótica», una rama del cristianismo sancionada por el estado. Cuando los líderes de la iglesia declinaron la oferta, comenzó la persecución en serio.

Las autoridades impedían que miembros de la iglesia se reunieran en interiores. Cuando ellos comenzaron a reunirse al aire libre, las autoridades desalentaron la asistencia haciendo que los congregantes fuesen arrestados, despedidos de sus trabajos, golpeados, expulsados de sus respectivas ciudades, encarcelados y «reeducados».[3] Mientras tanto, los cristianos chinos tibios asistían a sus propios servicios en las iglesias y observaban la continua persecución con ojos abatidos y bocas cerradas. Peor aun, como en la Alemania nazi, la conformidad «cristiana» permitió al estado presumir ante el resto del mundo de su tolerancia religiosa.

Estados Unidos no es la Alemania nazi, ni tampoco la China comunista, pero puede que estemos recorriendo el mismo camino espiritual. Nuestros cristianos tibios ignoraron el movimiento abolicionista cuando no lo denunciaron; fingieron no ver el movimiento por los derechos civiles, y ni siquiera podían entender la necesidad de que hubiese uno. En cuanto al movimiento a favor de la vida, han trabajado para subvertir su influencia. Cuando la libertad religiosa se ha visto amenazada, ellos alentaron a los opresores mediante su silencio o su complicidad activa.

El cardenal George de Chicago en 2010 dijo: «Espero morir en la cama, mi sucesor morirá en la cárcel, y su sucesor morirá como mártir en la plaza pública».[4] En 2012, cuando la administración Obama ordenó que organizaciones religiosas y otros cubrieran el costo de la contracepción, la esterilización y las medicinas inductoras de abortos en sus planes de seguros, el pesimismo del cardenal de repente pareció justificado.

Felizmente para la administración, hubo cristianos tibios a montón que encontraron maneras de acomodar sus creencias según los dictados del estado. John Wesley, uno de los líderes del Primer Gran Despertar, dijo: «Lo que una generación tolere, la siguiente generación lo aceptará».[5]

Muchas de las imposiciones del estado y de la cultura son menos obvias que los mandatos sobre contracepción. Con la intimidante ayuda de grupos como el Sindicato por las Libertades Civiles Americanas (ACLU), las autoridades locales han ido reduciendo los derechos de los cristianos creyentes en la Biblia durante el último siglo.

Han sido particularmente exitosos en convertir las escuelas públicas en centros seculares de reeducación. Allí, a los alumnos se les hace tragar diariamente una dieta atea, saturada de sexo y materialista, y si ellos o sus padres protestan, por rutina son puestos en ridículo.

Consideremos, por ejemplo, el caso de Roger DeHart. Maestro de biología de secundaria, DeHart pasó catorce años en la escuela de secundaria Burlington en el estado de Washington. Cada clase empleaba dos semanas estudiando los orígenes humanos. Nueve días estaban dedicados al darwinismo ortodoxo, y durante un día de esas dos semanas, DeHart introducía el tema del diseño inteligente: DI para abreviar. Los científicos DI simplemente argumentan que hay una inteligencia mayor que da forma al universo y a la vida en la tierra, y buscan evidencia tangible de ello.

DeHart pedía a los alumnos que escribieran trabajos por escrito que afirmasen las mejores evidencias a favor o en contra de la evolución darwiniana, y después voluntarios debatirían sobre el tema delante de toda la clase. DeHart dijo: «Abrumadoramente, aquellos alumnos veían eso como la parte favorita de la biología».[6]

Entendamos aquí que DeHart no tomaba partido alguno en el debate. Él no argumentaba a favor del creacionismo bíblico; sencillamente permitía a sus alumnos que hicieran agujeros en las tesis darwinianas de que toda la vida comenzó y evolucionó estrictamente por azar, un argumento a favor del cual hay bastante poca evidencia.

Pasaron diez años sin ninguna queja, y entonces un alumno llevó su queja no a DeHart o a su director sino al ACLU. Al principio, el superintendente y la junta escolar dieron su respaldo al cien por ciento a DeHart. Sin embargo, cuando fue contratado un nuevo superintendente, les dijo a los miembros de la junta que serían considerados personalmente responsables cuando el ACLU pusiera una demanda en su implacable esfuerzo por expulsar incluso la indicación de Dios del salón de clases. La junta comenzó a ceder.

DeHart hizo ajustes. Permitió a los alumnos que vieran críticas del darwinismo solamente de destacados darwinistas, y no de defensores del DI. Incluso eso fue rechazado. Cualquier artículo suplementario que DeHart quisiera enseñar aparte del libro de texto tenía que ser revisado por los biólogos de la Universidad de Washington. Además, tenía que entregar un resumen por escrito de todo lo que iba a decir en la unidad de dos semanas. Al final, le asignaron a otra asignatura: ciencias de la tierra. Fin de la controversia. El distrito contrató a un maestro de educación física sin experiencia alguna en biología para ocupar su lugar. DeHart ahora enseña en una escuela cristiana de secundaria.

El caso de DeHart es inusual solamente en cuanto a que ofreció una alternativa al adoctrinamiento sistemático que los alumnos generalmente reciben. Ese adoctrinamiento es profundo. William Provine, que es «Tisch Distinguished University Professor» de biología en la Universidad Cornell, es uno de los pocos darwinistas lo suficientemente sinceros para explicar lo que sus colegas y él enseñan:

> Es mi observación que la gran mayoría de biólogos evolucionistas modernos son ahora ateos o algo muy cercano a eso. Sin embargo, destacados científicos ateos o agnósticos públicamente niegan que exista conflicto alguno entre ciencia y religión. En lugar de ser simple deshonestidad intelectual, esta posición es pragmática. En Estados Unidos, los miembros electos del Congreso proclaman todos ellos ser religiosos; muchos científicos creen que la financiación para la ciencia podría sufrir si las implicaciones ateas de la ciencia moderna fueran generalmente entendidas.[7]

¿Cuáles son esas implicaciones? «La ciencia moderna da a entender directamente que el mundo está organizado estrictamente de acuerdo a principios deterministas o al azar», escribió Provine.

«No hay ningún principio de propósito en absoluto en la naturaleza. No hay ningún dios ni ninguna fuerza diseñadora que sean racionalmente detectables. La afirmación que se hace frecuentemente de que la biología moderna y las suposiciones de la tradición judeocristiana son plenamente compatibles es falsa».[8]

Los cristianos tibios sobreviven cegándose a sí mismos a lo que la cultura está diciendo. Siempre lo han hecho. En 2006, por ejemplo, la Convención General de la Iglesia Episcopal afirmó, vía Resolución A129, que Dios es creador y añadió que «la teoría de la evolución proporciona una explicación científica fructífera y unificadora para el surgimiento de vida en la tierra, que muchas interpretaciones teológicas de los orígenes pueden aceptar fácilmente como perspectiva evolucionista, y que una aceptación de la evolución es totalmente compatible con una fe cristiana auténtica y viva».

Lo que la jerarquía episcopaliana pasó por alto es que cinco años antes, Roger DeHart perdió su trabajo en una escuela pública de secundaria solamente por sugerir la posibilidad de una inteligencia mayor. Él nunca utilizó la palabra *creador*. Lo que los hijos de esos episcopalianos están aprendiendo en clase es lo que Provine y otros enseñan; es decir, que «no hay ningún dios ni ninguna fuerza diseñadora que sean racionalmente detectables». La biología evolucionista tal como se enseña no es «totalmente compatible» con un universo centrado en Dios, y menos con el cristianismo. ¿Cómo podría serlo?

Las iglesias tibias se condenan a sí mismas a la irrelevancia al intentar acomodarse a la maldad, ya sea la maldad de la esclavitud, del nazismo, del comunismo ateo o del materialismo ateo del laboratorio de biología. Están más preocupados por aplacar a sus críticos de lo que se preocupan por agradar a Cristo. La gradual degradación de la cultura se produjo únicamente porque iglesias tibias permitieron que sucediese.

APATÍA ESPIRITUAL

La parte occidental de Nueva York es conocida históricamente como el distrito «quemado». La gente la denominó así debido a que las llamas del evangelicalismo barrieron la región durante el Segundo Gran Despertar. Imagine lo que podrían haber llamado a esa parte de Nueva York si la iglesia tibia hubiera prevalecido durante ese período. ¿El «distrito ligeramente caldeado»? Es probable que no le hubieran puesto ningún nombre. Nadie habría notado un espíritu que valiera la pena catalogar.

Al igual que el relativismo cultural y la decadencia moral, la apatía espiritual es lo que se establece cuando los fuegos se consumen. Los griegos tenían una palabra para este fenómeno. Lo denominaban *acedia*, que significaba una pérdida de entusiasmo por la vida espiritual. Al ponerle un nombre, los griegos reconocieron lo insidioso que podía ser, el modo en que su presencia abría las puertas a una multitud de otros vicios. Cuando gobierna la *acedia*, la anarquía moral no puede estar muy lejos. Reinhard Hutter, un profesor de teología cristiana en Duke Divinity School, ha escrito de modo autoritativo sobre este tema. Él describe *acedia*, o apatía espiritual, como sigue:

> Es la renuncia misma a la amistad con Dios, que es el cumplimiento de la dignidad y el llamado trascendentes de la persona humana, y la aceptación del engaño autoindulgente de que nunca hubo y nunca habrá una amistad con Dios, que nunca hubo y nunca habrá un llamado y una dignidad trascendentes de la persona humana. Nada importa mucho, porque lo único que realmente importa, el amor y la amistad de Dios, no existe y, por tanto, no puede obtenerse.[9]

En ciertos aspectos, la *acedia* es una afrenta peor hacia Dios que el ateísmo. El ateísmo al menos implica una lucha. Acedia implica rendición. Es el valor reinante de muchas iglesias tibias. Los congregantes no se molestan en ver la luz de Dios resplandeciendo por el plano vertical de la cruz. Y al no ver ninguna luz, ellos no irradian ningún calor a lo largo del plano horizontal. No se lucha contra ninguna injusticia. No se consuela a ningún espíritu turbado. Las almas no son salvadas. *Iglesia* significa poco más que una excusa para salir de la casa, ver a amigos y después salir a comer.

RELATIVISMO MORAL

Como cristianos, somos bendecidos de manera única con la luz de la verdad, y ella guía cada uno de nuestros pasos. El apóstol Tomás expresó preocupación acerca de la misión colectiva. Le dijo a Jesús: «Señor, no sabemos a dónde vas; ¿cómo, pues, podemos saber el camino? Jesús le dijo: Yo soy el camino, y la verdad, y la vida; nadie viene al Padre, sino por mí» (Juan 14.5–6).

Durante miles de años antes de Jesús y durante dos mil años desde entonces, quienes no conocen a Cristo han estado batallando por encontrar cierto entendimiento firme de la verdad, alguna manera de delinear entre lo bueno y lo malo. El profundamente cristiano Dante Alighieri, al escribir su célebre *Divina Comedia* aproximadamente en el año 1300 a. C., tuvo palabras amables para aquellos precristianos como Aristóteles, Platón, Sócrates, Demócrito, Zeno, Empedocles, Anaxágoras, Tales, Heráclito y Diógenes, quienes batallaron para discernir la verdad. Nosotros podemos aplaudir sus esfuerzos.

Menos comprensibles son los intelectuales de los últimos siglos que han estado expuestos a Jesús, han rechazado su verdad y se han propuesto por sí mismos establecer un sistema superior. Desde luego, ellos ignoran la advertencia del Señor Dios a Adán y Eva: «De todo árbol del huerto podrás comer; mas del árbol de la ciencia del bien y del mal no comerás; porque el día que de él comieres, ciertamente morirás» (Génesis 2.16–17). Esa no fue la manera que tenía el Señor de insistir en que las personas siguieran siendo ignorantes; fue su manera de insistir en que permanecieran humildes. Todo esfuerzo por sustituir el cristianismo por un sistema «superior» de bien y mal ha fracasado, a veces de modo grotesco.

Quienes querrían sustituir la verdad cristiana, generalmente lo hacen insistiendo en que no hay tal cosa como verdad. En la escuela y en los medios de comunicación, los niños oyen esto diariamente: lo que tú piensas es tan bueno como lo que cualquier otra persona piensa; todo el mundo tiene derecho a tener su propia opinión; haz lo que tú quieras; haz lo que te haga sentir bien; haz lo que se sienta como algo natural.

En nuestras universidades, los alumnos están aprendiendo en clases de religión comparativa que el cristianismo no es mejor ni peor que el islam o el budismo. En las clases de ciencias políticas aprenden que la democracia no es mejor ni peor que el comunismo, ateo o de otra manera. En las clases de sociología, y prácticamente dondequiera que se dirigen, los alumnos aprenden que el matrimonio entre un hombre y una mujer no es mejor ni peor que otras alternativas.

Los dichos de nuestros amigos relativistas con frecuencia se abren camino hasta las pegatinas de vehículos. Una de sus metas primordiales es sacudir al creyente para sacarle de cualquier convicción fuerte que él o ella pudiera tener. Algunos ejemplos de la vida real:

Dios quiere frutos espirituales y no locos religiosos
Yo apoyo la separación de Iglesia y Odio
En el principio Dios creó el Big Bang
Yo creo que la evolución es una de las creaciones de Dios
Estar a favor de la vida no termina en el nacimiento
¿Sería Jesús un homófobo?
Enfócate en tu propia familia

A Jesús tampoco le gustaron los justos esta vez
Recortes de impuestos para los millonarios / ¿Qué haría Jesús?

Desgraciadamente, nuestros jóvenes están aprendiendo filosofía de pegatinas de vehículos en sus salones de clase. El resumen del mensaje es que los cristianos creyentes en la Biblia son locos, hipócritas, aborrecedores, homófobos, entrometidos y obstinados. Mantener fuertes convicciones es ser cerrado de mente. Como contraste, el abierto de mente no tiene fuertes convicciones por encima de lo que está de moda en los círculos modernos, ¿y quién no quiere ser abierto de mente?

Dada la libertad posible en Estados Unidos, se nos alienta a seguir hasta donde esa mente abierta nos dirija. «Si un hombre no sigue el ritmo de sus compañeros», dijo Henry David Thoreau hace casi doscientos años, «quizá sea porque oye el ritmo de un tambor diferente. Que vaya al paso de la música que oiga, por muy acompasada o lejana que sea».[10] Personas como Thoreau tuvieron una gran influencia en el movimiento contracultural de la década de 1960, el cual a su vez influenció a las personas que dirigen nuestro gobierno y nuestros medios de comunicación actualmente.

Linda Ronstadt, por ejemplo, puso música a las palabras de Thoreau en la canción «Different Drum». Ella compartía con su amante en la canción el mantra contracultural, diciéndole que no estaba preparada para «ninguna persona, lugar o cosa» que «intente ponerme riendas».[11] La estrella del rock Jimi Hendrix expresó una idea parecida incluso con más fuerza: «Yo soy quien va a morir cuando me llegue el momento de morir, así que dejen que viva mi vida del modo que quiera».[12] Incluso Frank Sinatra insistía en «decir las cosas que verdaderamente siente / Y no las palabras de alguien que se arrodilla».

En pocas palabras, él vivía su vida «a mi manera».[13] (Un apunte: el profundamente cristiano, si de modo errático, Elvis Presley cambió la frase «alguien que se arrodilla» en su versión de la canción.)

Nadie captó los valores vacíos de aquella era completamente o más destructivamente que el Beatle John Lennon: «No estoy reclamando la divinidad», dijo en una ocasión, aunque con frecuencia flirteaba con la afirmación. «Nunca afirmé tener pureza de alma. Nunca afirmé tener las respuestas a la vida. Solamente hago canciones y respondo preguntas tan sinceramente como puedo... Pero aún creo en la paz, el amor y el entendimiento».[14] Para Lennon, esa era suficiente verdad. En cuanto a Jesús, él «tenía toda la razón, pero sus discípulos eran toscos y ordinarios. Que ellos lo retorcieran es lo que lo arruina para mí».[15]

Podría citar mil ejemplos más de lo mismo, pero las estrellas del rock tienen un modo de influenciar la cultura que no puede negarse. Ronstadt, por ejemplo, tenía una relación abierta con el entonces y el actual gobernador de California, Jerry Brown. El presidente Barack Obama ha citado las letras de Jimi Hendrix en más de una ocasión. Y también el presidente Jimmy Carter elogió a John Lennon en su muerte, reconociendo que él «ayudó a crear el estado de ánimo y la música de la época».[16] El ritmo continúa.

Decadencia cultural

Sería fácil escribir un libro sobre la decadencia cultural. Muchos lo han hecho. Sin embargo, en la actualidad los problemas son tan transparentes que apenas necesitan mayor documentación, pero una importante amenaza que los jóvenes afrontan actualmente, en especial los muchachos, es algo que los hombres de mi generación nunca experimentaron: la implacable corriente destructiva de la pornografía en la Internet.

Un trágico efecto secundario de esta exposición es que los jóvenes comunes están perdiendo el interés en las mujeres comunes. Muchos de ellos ya no buscan muchachas que serían buenas esposas y madres; están buscando muchachas que serían buenas intérpretes, sean reales o de otro modo.

Lo que sí necesitan es resistencia, respuesta, acción. Los más pervertidos de estos medios de comunicación se han abierto camino hasta nuestros jóvenes más vulnerables, especialmente quienes están en los barrios pobres de las ciudades y que absorben mensajes de odio, de violencia y de envilecimiento sexual como algo habitual.

Para combatir esta plaga, debemos absorber la gracia que discurre por el plano vertical de la cruz y canalizarla a la izquierda y a la derecha. Debemos llevar el mensaje de Cristo de amor y esperanza a esas personas y esas comunidades que más lo necesitan, no solo a los consumidores de este material, sino también a los productores. Debemos soportar los insultos que saldrán a nuestro camino por ser cristianos de la cultura del reino en un ambiente que apenas es más tolerante que el de la Roma imperial.

Si no emprendemos la acción, podemos tener confianza en que los cristianos tibios y los relativistas de cualquier tipo sin duda no lo harán. Para luchar por algo, antes hay que creer en algo.

Los cristianos tienen el antídoto para el relativismo moral, la apatía espiritual y la decadencia cultural. El antídoto no es otra cosa que la agenda del Cordero. Este movimiento contextualizado, dirigido por la iglesia, solamente tendrá éxito si Cristo es reintroducido en Estados Unidos como el Hijo del Dios vivo. Que se levante una generación comprometida a seguir las enseñanzas de Mateo, Marcos Lucas y Juan. Que se levante una generación que sigue los preceptos del cristianismo profético en lugar de la cultura popular. Que se levante una generación prendida por las palabras del himno clásico:

Por la justicia de mi Dios,
por sangre que Jesús vertió,
Alcanzo paz, poder, perdón,
y cuanto bien me prometió.

Que sólo Cristo salva sé;
Segura base es de mi fe.
Segura base es de mi fe.
En la tormenta es mi sostén,
el pacto que juró y selló;
Su amor es mi supremo bien,
Su amor que mi alma redimió;
La roca eterna que me da
Base única que durará,
Base única que durará.[17]

2.
Movimiento profético contra movimiento patético

HAY UNA DELGADA LÍNEA ENTRE LO PROFÉTICO Y LO PATÉTICO. Lo *profético* es una aplicación de verdad al poder que mira hacia adelante. Lo *patético*, mientras tanto, se enfoca en el lamentable estado del aquí y ahora. La gran pregunta que afrontan líderes civiles, religiosos y académicos en la actualidad es esta: ¿Qué necesita nuestra nación en medio de estos tiempos patéticos? Hay muchas respuestas potenciales: necesitamos renovación económica; necesitamos construir un cortafuegos contra el relativismo moral y la apatía; debemos fortalecer la familia; defender la vida; eliminar la pobreza extrema; defender la libertad religiosa; proteger la creación de Dios, y mucho más.

Sin embargo, el antídoto profético para nuestra realidad patética no es otro rescate financiero, un paquete de estímulo o un nuevo movimiento político. Lo que necesitamos por encima de todo es un nuevo derramamiento del Santo Espíritu de Dios. Lo que necesitamos es un movimiento profético con un impacto sociopolítico en lugar de un movimiento político con rastros espirituales. Existe una gran diferencia entre ambas cosas. Dicho con sencillez, el activismo profético es medido por la acción, y la conveniencia política es medida por la retórica. Es momento para más acción y menos retórica.

Capacitado por el Espíritu

Olvidemos a Harry Potter y Hogwarts. Hay espíritus reales en el mundo actualmente. Hasta la fecha, con frecuencia utilizamos alusiones bíblicas para captar la esencia de esos espíritus. El espíritu de Faraón, por ejemplo, sigue viviendo, manteniendo cautivas a personas en el Egipto de la atadura y el temor. El espíritu de Goliat, al igual que el de otras fuerzas aparentemente inconquistables, se burla de los hijos de Dios y los intimida.

El espíritu de Jezabel debilita las rodillas de hombres y mujeres vulnerables a la perversión y la manipulación sexual. El espíritu de Absalón divide hogares, iglesias y relaciones, mientras que el espíritu de Herodes asesina sueños infantiles mediante el aborto, el tráfico sexual y la pobreza extrema.

Sin embargo, tengo noticias para usted. Hay un Espíritu que es más poderoso que todos esos espíritus combinados. El Espíritu más poderoso que está vivo hoy no es el de Faraón, Saúl, Absalón, Goliat, Jezabel o Herodes. El Espíritu más poderoso sobre el planeta es el Espíritu Santo del Dios todopoderoso: el Espíritu del Cordero. «No con ejército, ni con fuerza, sino con mi Espíritu, ha dicho Jehová de los ejércitos» (Zacarías 4.6).

Por tanto, a cada discurso y espíritu que facilita la plataforma del relativismo moral, la apatía espiritual, la decadencia cultural y la indiferencia eclesial decimos lo siguiente: por cada Faraón debe haber un Moisés. Por cada Goliat debe haber un David. Por cada Nabucodonosor debe haber un Daniel, por cada Jezabel debe haber un Elías. Por cada Herodes hay un Jesús. Y por cada diablo que se levante contra usted, ¡hay un Dios más poderoso que se levanta por usted! ¡Aleluya!

DEFENDER LA LIBERTAD

«Porque el Señor es el Espíritu; y donde está el Espíritu del Señor, allí hay libertad» (2 Corintios 3.17). Vivimos en un mundo donde las personas se encuentran atadas: atadas por la pornografía, la compulsión sexual, el alcohol, la depresión, la soledad, la angustia, la ansiedad, el temor, la confusión, el pasado, el fracaso, la derrota; atadas por el pecado.

¿Por qué hay tanta atadura? Es el modo que tiene el enemigo de detenernos. Jesús dijo: «De cierto, de cierto os digo, que todo aquel que hace pecado, esclavo es del pecado» (Juan 8.34). El enemigo entiende que el ser humano más peligroso sobre el planeta no es el que tiene riquezas, ejércitos o fama. El ser humano más poderoso sobre el planeta es una persona hecha libre por la sangre del Cordero.

¿Por qué? La razón es bastante sencilla. Fue un hombre libre quien se acercó a Faraón en Egipto y dijo: «Deja ir a mi pueblo».[1] Fue un hombre libre quien entró en la Tierra Prometida y declaró: «Pero yo y mi casa serviremos al Señor».[2] Fue un hombre libre quien miró fijamente a un gigante llamado Goliat y dijo: «Tú vienes a mí con espada y lanza y jabalina; mas yo vengo a ti en el nombre de Jehová de los ejércitos».[3] Fueron jóvenes libres quienes se negaron a postrarse y mostraron el poder de su voluntad incluso en medio de un horno de fuego.[4]

En la Historia más reciente, fueron individuos libres quienes declararon: «Mantenemos que estas verdades son evidentes por sí mismas, que todos los hombres son creados iguales, que su Creador les ha otorgado ciertos derechos inalienables, que entre ellos están la vida, la libertad y la búsqueda de la felicidad».[5]

Fue un hombre libre quien confrontó la maldad de la esclavitud y después declaró tras una guerra brutal:

> Sin malicia hacia nadie, con amor para todos, con la firmeza en el derecho que Dios nos da para ver lo justo, luchemos para terminar la obra en que estamos, curar las heridas de la nación, cuidar de los que libraron la batalla y de la viuda y del huérfano de aquel que cayó y hacer todo aquello que pueda lograr y abrigar una paz justa y duradera entre nosotros y con todas las naciones.[6]

Fue un hombre libre quien tuvo un sueño de que sus «cuatro niños pequeños un día vivirían en un país donde no serían juzgados por el color de su piel sino por el contenido de su carácter».[7]

Fue un hombre libre quien ayudó a «derribar ese muro» mientras estaba de pie impulsado por su propia declaración: «Estoy convencido más que nunca de que el hombre encuentra liberación solamente cuando se ata a sí mismo a Dios y se compromete con sus congéneres».[8]

Pero la mayor expresión de libertad llegó hace dos mil años cuando, colgando de un madero por su sacrificio, Cristo, un hombre libre, la libertad encarnada, personificó lo que Él declaró en Juan 8.36: «si el Hijo os libertare, seréis *verdaderamente libres*».

Nuestra libertad surge no de las preferencias políticas o de los ideólogos en Washington DC. Nuestra libertad no proviene de los republicanos o los demócratas, del asno o del elefante. Nuestra libertad proviene del Cordero que está en el trono, a quien los ángeles claman: «Santo, Santo, Santo».[9]

Nuestros padres fundadores entendieron esto. Ellos escribieron de modo único la Declaración que estableció la relación de la nación con Dios: «Mantenemos que estas verdades son evidentes por sí mismas, que todos los hombres son creados iguales, que su Creador les ha otorgado ciertos derechos inalienables, que entre ellos están la vida, la libertad y la búsqueda de la felicidad».[10] Sí, es el «Creador» quien otorga a los hombres y las mujeres estos derechos, y no el alcalde, no el gobernador, no el presidente.

Los padres fundadores posteriormente escribieron la Constitución que evitaba que el gobierno nos negase los derechos inalienables que nos habían sido otorgados. No fue un accidente que precisamente la primera frase de la Primera Enmienda de la Declaración de Derechos declarase la ley de Dios por encima de la interferencia del hombre: «El Congreso no hará ninguna ley con respecto a un establecimiento de la religión, o prohibiendo el libre ejercicio de ella».

De modo similar, Abraham Lincoln reconoció que era Dios quien nos da el derecho «de ver la razón». Martin Luther King fue incluso más explícito en su justamente afamado discurso «Yo tengo un sueño». Concluyó con las palabras de un antiguo espiritual afroamericano: «¡Al fin libre! ¡Al fin libre! Gracias a Dios todopoderoso, ¡somos al fin libres!». Él entendía que la libertad provenía de Dios. El hombre no podía garantizarla; el hombre solo podía arrebatarla. La verdad de que Dios es la fuente de nuestra libertad es la misma verdad, tal como se prometió en Juan 8.32, que conoceremos y que nos hará libres.

Demasiadas personas han olvidado esto. Demasiadas personas no miran al «Dios todopoderoso» para buscar liberación sino a su partido político o a sus oficiales electos, como si la libertad fuese una característica que pudiera ejercerse para su distribución. Peor aun, algunos utilizan la iglesia como una ventana para sus actividades políticas, quizá ninguno de modo más seductor o destructivo en nuestra época que el «reverendo» James Jones.

Autodeclarado comunista, Jones escribió de su conversión cristiana. Años después recordaba: «Decidí cómo podía demostrar mi marxismo. La idea era «infiltrarme en la iglesia».[11] Con el tiempo, pervirtió las palabras de Martin Luther King y sustituyó la antioración: «Al fin libre, al fin libre. Gracias al socialismo todopoderoso seremos al fin libres». Tal como la historia registró, él «liberó» a sus seguidores a la muerte en masa en un lugar llamado «Jonestown» en las junglas de Sudamérica. Y antes de que se ría por la referencia a «Kool-Aid»,* recuerde que niños de tres años no cometen suicidio.

Jones estaba recorriendo un camino muy transitado. En las décadas de 1920 y 1930, algunos intelectuales marxistas comenzaron a ver que los obreros del mundo no iban a levantarse y derrocar a sus jefes capitalistas sin tener importante ayuda por parte de personas supuestamente mejores. Filósofos sociales como Antonio Gramsci en Italia y Max Horkheimer en Alemania comenzaron a marcar el ritmo de un enfoque alternativo a la revolución marxista, al que con frecuencia se hace referencia como «teoría crítica».

Estos marxistas culturales veían la religión como la infraestructura crítica que hacía funcionar la civilización occidental, no solo para las clases medias sino también para las clases obreras. Hablando en general, ellos tenían la opinión de que si la religión podía ser conquistada y hacer que se volviera contra ella misma, podría utilizarse para derribar la cultura y la economía. El truco era convencer a los líderes religiosos de que cambiasen su énfasis desde Jesús en la cruz hacia el hombre en toda su angustia diaria.

Si se hacía una buena propaganda por parte de los medios y de la élite intelectual, los pastores se enfocarían en el aquí y ahora, y no en el después. Vigorizarían a sus seguidores para no buscar salvación, sino para demandar justicia económica. Evangelizarían no para salvar almas, sino para subvertir el orden económico, y al hacerlo, todos los hosanna de los medios serían de ellos. Vale la pena notar

---

* Refresco para niños que los seguidores de Jones, luego de echarle veneno, tomaron para suicidarse. (N. del trad.)

que *Los Angeles Herald* denominó a James Jones el «humanitario del año», el año antes de que condujera a casi mil personas a la muerte.

«Esta revolución también presupone la formación de un nuevo conjunto de normas», dijo Gramsci, «una nueva psicología, nuevas maneras de sentir, de pensar y de vivir que deben ser específicas de la clase obrera, que deben ser creadas por ella».[12] Esta nueva moralidad no tenía lugar alguno en ella para Jesucristo. Desgraciadamente, demasiados líderes de la fe, muchos de ellos con buena intención, cayeron en esta liberación falsa.

Ya es de sobra el momento de que una generación se levante y articule el verdadero mensaje de la libertad, para decir al mundo que, por medio de Cristo, el individuo puede ser libre del pecado, libre del temor y libre de la condenación. Ya es de sobra el momento de que los creyentes dirijan un movimiento que comunique el verdadero mensaje de libertad. Es momento de decir al mundo que, por medio de Cristo, el individuo puede ser libre de esa suprema ansiedad, esa oscuridad eterna. Como dijo Pablo a los romanos: «Ahora, pues, ninguna condenación hay para los que están en Cristo Jesús, los que no andan conforme a la carne, sino conforme al Espíritu» (Romanos 8.1).

EL «TEA PARTY»: ¿PROFÉTICO O PATÉTICO?

Actualmente somos testigos de movimientos políticos, desde Ocupemos Wall Street hasta el Tea Party. Estos movimientos difieren significativamente en demandas pero comparten, al menos en su presentación colectiva, una indiferencia al mensaje compasivo del evangelio.

Nosotros entendemos lo que los activistas políticos puede que no entiendan, es decir, que el antídoto para el relativismo moral, la decadencia cultural, la apatía espiritual y la indiferencia eclesiástica ha de encontrarse en las enseñanzas de Jesucristo. Esas enseñanzas pueden ser diseminadas ampliamente solo por medio de un Tercer

Gran Despertar. Tal como nos dice la Historia, el primer Gran Despertar barrió Estados Unidos, y gran parte de Europa occidental, en las décadas de 1730 y 1740. En aquel momento, las iglesias establecidas habían comenzado a volverse tibias. Guiadas por cristianos ardientes como los hermanos Wesley y George Whitefield, esta nueva renovación espiritual comenzó en Inglaterra y pronto se hizo camino hasta las colonias. La renovación despertó literalmente a cientos de miles de estadounidenses, la mayoría de ellos ya asistentes a iglesias, al poder de la oración y la genuina intimidad con Cristo. Es importante que el Despertar también llegó a mujeres y a afroamericanos y sembró las semillas de una mayor libertad en ellos.

Como dijo Whitefield, y en aquella época era radical decirlo: «Porque en Jesucristo no hay varón ni hembra, esclavo ni libre; incluso ustedes pueden ser los hijos de Dios si creen en Jesús».[13]

Al igual que Whitefield, John Wesley vio el movimiento de la cruz en ambos planos: vertical y horizontal. «Hagan todo el bien que puedan», decía, «por todos los medios que puedan; de todas las maneras que puedan; en todos los lugares que puedan; en todos los momentos que puedan; a todas las personas que puedan; todo el tiempo que puedan».[14] Sin embargo, Wesley advirtió a sus seguidores que no perdieran de vista su inspiración para hacer el bien:

> Al usar todos los medios, busquen solamente a Dios. En todas y por medio de todas las cosas externas, miren solamente el poder de su Espíritu, y los méritos de su Hijo. Guárdense de no quedarse atascados en el trabajo mismo; si lo hacen, toda es labor perdida. Nada menos que Dios puede satisfacer su alma; por tanto, mantengan sus ojos en Él en todo, por medio de todo y por encima de todo.[15]

Al inspirar a quienes vivían en las colonias a confrontar la complacencia y a las autoridades eclesiásticas ocasionalmente corruptas, el Gran Despertar tuvo el efecto de mostrarles que tenían la capacidad de confrontar también a las autoridades civiles. Llegaron a ver que la verdadera libertad provenía de Dios y no de un rey británico, y una generación después del Gran Despertar, quienes vivían en las colonias demandaron con valentía y éxito esa libertad.

A principios del siglo XIX, un Segundo Gran Despertar barrió Estados Unidos. Incluso más que el primero, el segundo despertar estimuló a cristianos y no cristianos igualmente a moverse horizontalmente también hacia su prójimo, y desde luego, también verticalmente hacia Dios. El movimiento se extendió hacia el oeste con la población y ayudó a personas rudas de la frontera a aceptar una visión más amplia y más comunal que la turbulencia del aquí y ahora.

Igualmente importante, este movimiento basado en la Biblia inspiró a sus participantes a lanzar movimientos sociales críticos como el abolicionismo, la templanza, el sufragio extendido, la reforma carcelaria y el cuidado comunal de los discapacitados mentales y físicos. Que nadie olvide dónde aquellos primeros reformadores obtenían su valentía y su inspiración. Sobre la ejecución de su colega John Brown, el abolicionista William Lloyd Garrison dijo:

> Dios hará posible que formemos una Unión verdadera, vital, duradera y global, desde el Atlántico hasta el Pacífico; un Dios a ser adorado, un Salvador a ser reverenciado, una política a ser desempeñada, libertad en todas partes para todas las personas, sin consideración de aspecto o raza; ¡y la bendición de Dios reposando sobre todos nosotros! ¡Yo quiero ver ese glorioso día![16]

Ambos despertares tuvieron un impacto positivo y permanente en Estados Unidos precisamente porque estaban centrados en Dios. Incluso después de que el fervor llegase a su cumbre, muchos de los cambios, tanto en los fieles como en la comunidad en general, permanecieron porque tenían un fundamento sólido. Como contraste, los dos principales movimientos de los últimos años, el Tea Party y Ocupemos Wall Street, están construidos sobre la arena. Aunque participantes individuales, especialmente en el Tea Party, tienen una fe profunda, la fe no ha sido parte de la misión colectiva de ninguno.

El Tea Party funciona como un conducto que canaliza la frustración de las bases con respecto al crecimiento del gobierno en términos de tamaño, costo e intrusismo. Los estadounidenses que participan ven al tío Sam (el Estado) crecer mientras el sueño americano simultáneamente se encoge. Aunque no está controlado por el partido republicano, este movimiento anti gobierno grande, anti impuestos más altos, ha ayudado a apuntalar la base republicana.

Desde su nacimiento hasta hoy, sin embargo, los activistas han evitado hablar de cualquier valor denominado familiar o de cuestiones culturales polémicas, al menos bajo el paraguas del «Tea Party». Esta es una decisión estratégica, que logra dos objetivos. Uno es que crea una mayor carpa bajo la cual reunir a participantes. La segunda, irónicamente, es que disminuye la resistencia de los medios. Sin duda, los medios de comunicación dominantes no tienen cariño alguno por el movimiento, pero habrían quedado aterrorizados si el Tea Party hubiera tenido visiblemente una base de fe.

Después de decir todo eso, los cristianos están apoyando de modo desproporcionado los objetivos del Tea Party. Según un sondeo del Pew Research Center, los evangélicos de raza blanca están de acuerdo con las proposiciones del Tea Party por un margen mayor del 5 a 1. Ateos y agnósticos, por otro lado, desaprueban esas posiciones por un margen idéntico de 5 a 1.[17]

Los titulares sugerían una ansiedad generalizada en los medios acerca de los motivos del Tea Party. «¿El derecho cristiano disfrazado?», se preocupaba el *Daily Beast*.[18] «Tea Party: ¿Revuelta libertaria o derecho religioso disfrazado?», aterraba al *Christian Science Monitor*.[19]

«¿Está el derecho religioso tomando al Tea Party?», preguntaba un preocupado *Huffington Post*.[20]

De hecho, sin embargo, aunque formidable tanto en tamaño como en influencia, como se hizo evidente en las elecciones primarias de 2010, el Tea Party representa el ala secular del partido republicano. Si el movimiento del Tea Party sí encuentra a Jesús, o si colectivamente experimenta un momento de «camino de Damasco», entonces Estados Unidos verá un movimiento de bases crecido con esteroides. Esta posibilidad alarma a unos medios que son desproporcionadamente hostiles a la empresa cristiana.

Lo que los medios temen, quizá por encima de todo, sea que los cristianos en las comunidades negra e hispana encuentren una causa común con sus hermanos cristianos de raza blanca. Si todos los grupos étnicos obtuviesen inspiración del plano vertical de la cruz y siguieran el plano horizontal de la cruz hasta el corazón de la comunidad cristiana y más allá, el resultado sería verdaderamente formidable. Los medios de comunicación tendrían entonces una causa genuina de preocupación.

Por diversas razones, las personas de color que sí se adhieren a un fuerte discurso de fe y comparten preocupaciones del Tea Party acerca del tamaño del gobierno parecen incómodos con el Tea Party. El Tea Party sigue sufriendo de la misma disonancia de marketing y de demografía que el partido republicano: demasiados varones, demasiados mayores y demasiados blancos.

Mientras que el Tea Party puede que mueva de modo significativo al partido republicano hacia la derecha, aún debe ser determinado si la nación está dispuesta a seguir esa tendencia. Para que el Tea Party se vuelva dominante, serán necesarios componentes de valores familiares y un proceso intencional de diversificación. En lugar de desviar al elefante hacia la derecha, una insurgencia conservadora debería enfocarse en desviar al elefante hacia la cruz. Después de todo, un partido sin papas y salsa no es partido en absoluto.

OCUPEMOS WALL STREET: ¿PROFÉTICO O PATÉTICO?

Los participantes en el movimiento Ocupemos Wall Street (OWS) por todo Estados Unidos y el mundo casi no coinciden con los participantes del Tea Party. Tienden a ser considerablemente más jóvenes, menos estables y con menos probabilidades de estar empleados. Sus objetivos son también más amorfos y diversos. En general, parecen estar protestando por la inequidad económica, la avaricia, la corrupción y el poder corporativo. Su eslogan, «Somos el noventa y nueve por ciento», sugiere que el uno por ciento es el problema, que en cierto modo han estafado al resto de la ciudadanía su parte legítima.

Por motivos que no tienen nada que ver con la realidad del terreno y todo que ver con la realidad en las salas de redacción de Estados Unidos, OWS ha obtenido en general mejor prensa que el Tea Party. El movimiento Tea Party, que comenzó más de dos años antes de OWS, fue constantemente monitoreado por los medios en busca de racismo, discurso de odio y violencia. Los medios no tuvieron éxito alguno en encontrar cualquiera de esas cosas. El movimiento OWS ha demostrado amplias señales de todo lo anterior, pero los medios han tenido tendencia a desviar su mirada para no observarlo.

El movimiento tiene una curiosa relación con el cristianismo. Ocasionalmente, el sentimiento anticristiano encontraba una salida tal como lo hizo en Roma cuando la multitud de Ocupemos atacó una iglesia católica, profanó una estatua de la virgen María y destruyó un crucifijo. En Washington, en enero de 2012, hasta veinte tipos de Ocupemos interrumpieron la Concentración de Jóvenes de la Marcha por la Vida, profundamente cristiana y por primera vez oficial. Gritaron frases a favor del aborto y ahogaron las voces de los oradores.

Discurriendo calladamente por el movimiento OWS hay también una vena virulenta de antisemitismo. No fue difícil para los reporteros que hacían preguntas en cualquier sede de Ocupemos encontrar a alguien que protestaba dispuesto a compartir su opinión sobre una percibida amenaza judía. Por ejemplo, Patricia McAllister de Los Angeles, California, dijo: «Yo creo que los judíos sionistas, que dirigen esos grandes bancos y nuestra Reserva Federal, que no es dirigida por el gobierno federal... hay que expulsarlos de este país».[21]

Incluso el *New York Times* reconoció «las luces del antisemitismo» en la sede de Wall Street, pero compensó ese rápido informe con el «sabor distintivamente judío» de otras actividades del cuartel.[22] Sin duda, los medios de comunicación dominantes eran reacios a airear discursos antisemitas, pero se podían encontrar muchos de ellos en los medios sociales.

No es sorprendente que muchos sacerdotes y ministros del movimiento de justicia social cristiana se hicieran camino hacia las diversas sedes de OWS. Irónicamente, si el Tea Party hizo todo lo que pudo para distanciarse de Jesucristo, la multitud de Ocupemos y sus aliados con frecuencia intentaron apropiarse de Él. A continuación hay algunos titulares como muestra: «¿Ocuparía Jesús Wall Street?»; «¿Participaría Jesucristo en Ocupemos Wall Street?»; «¿Qué haría Jesús sobre Ocupemos Wall Street?».

Incluso el Vaticano encontró una potencial causa común con OWS. «El Vaticano no está detrás de ninguno de estos movimientos, pero las inspiraciones básicas pueden ser las mismas», dijo el cardenal Peter Turkson, presidente del Consejo Pontificio para la justicia y la paz. «Si las personas pueden hacer rendir cuentas a su gobierno, ¿por qué no podemos nosotros hacer que otras instituciones en la sociedad den cuentas si no están rindiendo o no nos están ayudando a vivir pacíficamente o bien?».[23]

Personalmente, creo que el buen cardenal está siendo demasiado optimista. Como notamos anteriormente, el siguiente Gran Despertar debe centrarse en el nexo de la cruz, el lugar donde se cruzan los planos vertical y horizontal: el lugar donde reconciliamos redención con reconciliación. Sin embargo, desde mi perspectiva, el movimiento Ocupemos ignora el vertical por el horizontal. «Los manifestantes no hablan mucho sobre Jesús o Dios», escribió Lisa Miller de modo perspicaz en el *Washington Post*. «Tampoco ofrecen una guía explícita sobre principios transcendentes y más elevados». Miller continuó:

> Si estuviera durante un rato en el parque Zuccotti, Jesús podría encontrarse defraudado por la naturaleza fragmentaria y secular de todo ello. Para Jesús, lo primero, lo único en realidad, era Dios. Su ministerio fue un esfuerzo por ayudar a guiar a las personas hacia un tipo de perfección moral antes de la venida del reino de Dios.[24]

Basándose exclusivamente en una cruda forma de justicia social sin inspiración divina, el movimiento eleva la envidia al nivel de la virtud, la comunidad al nivel de la divinidad. Estos movimientos de utopía atea, desde la Revolución Francesa hasta la Camboyana, siempre, siempre terminan mal. Bonhoeffer fue testigo de ello de primera mano: cuando las autoridades ya no necesitaron conquistar a los cristianos, terminaron matándolos.

Sabiduría

Si entre ustedes hay alguno sabio y entendido, que lo demuestre con su buena conducta, con la humildad que su sabiduría le da. Pero si ustedes dejan que la envidia les amargue el corazón, y hacen las cosas por rivalidad, entonces no tienen de qué enorgullecerse y están faltando a la verdad. Porque esta sabiduría no es la que viene de Dios, sino que es sabiduría de este mundo, de la mente humana y del diablo mismo. Donde hay envidias y rivalidades, hay también desorden y toda clase de maldad; pero los que tienen la sabiduría que viene de Dios, llevan ante todo una vida pura; y además son pacíficos, bondadosos y dóciles. Son también compasivos, imparciales y sinceros, y hacen el bien. Y los que procuran la paz, siembran en paz para recoger como fruto la justicia.

Santiago 3.13-18

Esta es una Selección de las Sagradas Escrituras en la *Versión Popular*. Le invitamos a leer la Biblia y compartirla con otros. Para solicitar un catálogo gratis de otras publicaciones de las Escrituras, llame al 1-800-32-BIBLE, o escriba a la Sociedad Bíblica Americana, 1865 Broadway, New York, NY 10023-7505.
Visítenos en **www.americanbible.org**

SOCIEDAD BÍBLICA AMERICANA
NUEVA YORK

Span. VPA Bookmark-107735
ABS-10/00-4,000-19,000-PPS2

Sabiduría

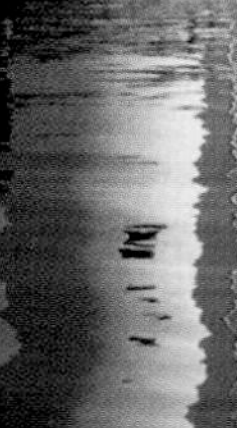

3.

No el asno ni el elefante, ¡sino el Cordero!

El reino de Dios no es un estado rojo o un estado azul, liberal o conservador, demócrata o republicano, sino justicia, paz y gozo en el Espíritu Santo. Ha llegado el momento en que todos los estadounidenses de todos los trasfondos, etnias, tradiciones y perspectivas políticas hagan a un lado la retórica con frecuencia simplista y divisiva del azul y el rojo, del elefante y el asno, de conservadores y liberales, y acepten el inclusivo, global y transformador poder de la cruz en la cultura, la sociedad, la política y la vida.

Mientras los políticos o bien empujarán hacia los extremos de política liberal o conservadora, o incluso peor, hacia un terreno medio fangoso y sin principios, la agenda del Cordero sigue siendo la única pauta viable para cualquiera que desee experimentar una nueva oleada de rectitud, justicia y transformación cultural.

Cuando Abraham se llevó a Isaac para ser sacrificado, Isaac dijo: «Veo la madera y veo el fuego, pero ¿dónde está el cordero?». Isaac al menos estaba mirando. Hay demasiados jugadores en el escenario de nuestra nación que no pueden comenzar a mirar porque aún no saben lo que se están perdiendo. En cambio, buscan respuestas en las ideologías unidimensionales: un frío liberalismo en la derecha, una utopía atea en la izquierda. Estas ideologías son desalentadas cuando no prevalecen y desilusionadas cuando sí lo hacen. Las cosas nunca funcionan como se planearon.

De hecho, la participación política solo puede resultar en transformación vertical y horizontal cuando se ejercita como un acto de testimonio profético. En otras palabras, el marco político del ciudadano debe derivarse de su óptica profética. Su política debe ser una extensión de su cosmovisión cristiana.

El asno contra el Cordero

Hay muchos cristianos buenos, que aman a Cristo y creen en la Biblia, que se identifican a sí mismos como demócratas. Esto es particularmente cierto en comunidades de color. No es nada difícil encontrar un gran número de afroamericanos e hispanos que están a favor de la vida y de la familia y que votan al partido demócrata.

Sin embargo, ahí está el problema. La agenda del asno discurre contrariamente en muchos aspectos a la agenda del Cordero. Mientras los demócratas intentan participar en lo horizontal expresando interés por los pobres, los alienados y los marginados, ponen en un compromiso el proceso ignorando lo vertical. En otras palabras, intentan buscar justicia sin reconocer al Juez.

Muchos en el campamento del asno adoptan una posición hostil hacia los seguidores de Cristo. Esto no siempre ha sido cierto. Hace unos cincuenta años, no había ninguna diferencia discernible en los patrones de los asistentes a la iglesia en cuanto a republicanos y demócratas. Actualmente la hay. Según una reciente encuesta Gallup, los republicanos tienen un cincuenta por ciento más de probabilidades de asistir a la iglesia semanalmente que los demócratas, y los demócratas tienen el doble de probabilidades de expresar que no tienen afiliación religiosa.[1]

Aunque el porcentaje de estadounidenses que asisten a la iglesia regularmente ha permanecido bastante estable durante el último medio siglo, el porcentaje que no se identifica con ninguna religión ha crecido significativamente. Una sustancial mayoría de esas personas están a gusto en el lado izquierdo del espectro político. Muchas de ellas son abiertamente hostiles a la empresa cristiana. Consideran a los cristianos intolerantes, homófobos, atrasados, sin educación, arcaicos, zelotes intolerantes que se identifican más con nuestro pasado que con nuestro futuro como nación.

En 1993, por ejemplo, sin siquiera querer insultar a nadie, un reportero del *Washington Post* se refirió casualmente a los cristianos tradicionales como «en gran parte pobres, sin educación formal y dirigidos con facilidad».[2] Ese comentario pasó al menos por varios editores y llegó hasta primera página sin que nadie se diera cuenta de lo ofensivo, y falso, que era el comentario.

El cómico Bill Maher, un importante donante a causas demócratas, ha hecho una carrera de atacar a los cristianos. En su película *Religulous*, Maher ofrecía su jeremiada secular sobre la religión en general y sobre el cristianismo en particular:

> El hecho claro es que la religión debe morir para que la humanidad viva. Se está haciendo muy tarde para poder permitirnos que tomen decisiones clave personas religiosas, irracionales, aquellos que dirigirían el timón del barco del estado no según una brújula, sino el equivalente a leer las entrañas de un pollo.[3]

Si Maher fuese una excepción, apenas valdría la pena hablar sobre él, pero desgraciadamente, su marca de nihilismo a la última encuentra eco entre los jóvenes que no han tenido suficiente formación en la fe para pensar de otro modo. «Personas racionales, antirreligiosas, deben poner fin a su timidez y salir del armario y afirmarse a sí mismos», instaba Maher a su audiencia. «Y quienes se consideran a sí mismos solo religiosos moderados realmente necesitan mirarse en el espejo y darse cuenta de que el solaz y la comodidad que les da la religión en realidad llegan a un precio terrible».[4]

En 2008, cuando las elecciones en California presentaron una propuesta de enmienda para definir el matrimonio como una unión entre un hombre y una mujer, un grupo de celebridades de Hollywood se sintió cómodo al producir un video que presionaba a favor del matrimonio entre personas del mismo sexo y casualmente difamaba a los cristianos en el proceso.

En el video de tres minutos, un grupo de cristianos vestidos de negro arruinaban una fiesta hippie en la playa con un plan de «difundir algo de odio y meterlo en la Constitución». Mientras hippies y cristianos discutían, «Jesús» entraba en escena representado por el actor cómico Jack Black. Cuando los cristianos planteaban objeciones bíblicas a los actos homosexuales, Black les cortaba de raíz. «Levítico también dice que el marisco es una abominación», decía Black como Jesús. «La Biblia dice muchas cosas interesantes, como que puedes apedrear a tu esposa o vender a tu hija como esclava».

El actor Neil Patrick Harris entonces intentaba convencer a los supuestos cristianos de que el matrimonio entre personas del mismo sexo es bueno para la economía en cuanto a que hay dinero que ganar de las bodas y los divorcios gay. Esta apelación a mamón funcionó, y los cristianos concedieron que habían sido «unos necios» por atreverse a insistir en que el matrimonio debería seguir siendo, como siempre ha sido, entre un hombre y una mujer.[5]

Cito estos ejemplos para mostrar lo seguros que se sienten nuestros amigos en la izquierda no solo para criticar la experiencia cristiana, sino también para difamarla. No se atreverían a expresar este tipo de intolerancia contra ningún otro grupo en el que pueda pensar, con la excepción de los mormones. (Notemos, por ejemplo, la comedia de Broadway *El Libro del mormón*.) Si esos mismos personajes ilustres de Hollywood hicieran un video parecido atacando, digamos, a musulmanes, a mexicanos americanos o a homosexuales, sus carreras harían llegado a su fin de inmediato.

Los mecanismos de entrega de los medios de comunicación del asno ofrecen por rutina imágenes anticristianas que intentan persuadir a la población estadounidense, especialmente a los jóvenes, de que la comunidad cristiana está en contra del cambio, personifica la intolerancia y plantea un peligro para el tipo de utopía atea que varios soñadores han imaginado. «Imagina que no hay cielo»,[6] pedía John Lennon a sus seguidores. Pero también lo hizo Vladimir Ilyich Lenin, y Lenin, desgraciadamente, lo cumplió.

El cristianismo, sin embargo, es un enemigo obstinado. Después de cincuenta años de dirigir propaganda política anticristiana, el setenta y seis por ciento de estadounidenses se siguen identificando a sí mismos como cristianos. Añadamos a esta mezcla la próspera (y creciente) comunidad inmigrante hispana, y el cristianismo con toda probabilidad mantendrá su dominio. Un hecho que se pasa por alto es que los no creyentes tienden a volverse tan enfocados en sus propios estilos de vida que no pueden molestarse en tener hijos. Vale la pena dedicar un libro entero a la demografía de la fe, pero baste con decir que los cristianos comprometidos en Estados Unidos tienen al menos dos veces más hijos por pareja que los no creyentes.

Cuando los profetas del relativismo moral se acercan al podio del humanismo secular para transmitir el mensaje de una utopía horizontal sin un alineamiento vertical de rectitud y justicia, los descendientes ideológicos de los puritanos y los peregrinos dentro del campamento del asno deben decidir redimir el discurso o abandonar la sede. El problema en la actualidad es que algunos activistas demócratas ven el ganar el voto religioso no como una causa genuina, sino como una estrategia de campaña.

Por otro lado, el presidente Obama merece cierto mérito por recuperar un discurso cristiano positivo dentro de la plaza pública. Desde celebrar la resurrección de Jesucristo en un desayuno anual de oración en Semana Santa hasta hacer referencia continuamente a pasajes bíblicos, el presidente Obama parece demostrar y, por tanto, afirmar la realidad de que nuestra nación conlleva unos fuertes valores de fe que no pueden ser ignorados.

En el Desayuno de Oración Nacional en febrero de 2012, por ejemplo, Obama habló abiertamente sobre el modo en que su fe influenciaba su política. «Todos podemos beneficiarnos de acudir a nuestro Creador», dijo el presidente, «de escucharle». Atribuyó varias de sus recientes decisiones al «llamado bíblico de cuidar de los menores de estos: de los pobres, de quienes están en los márgenes de nuestra sociedad».

Al interpretar los comentarios de Obama como una alineación estratégica para captar el centro, expertos en la izquierda decidieron no criticar su cristianismo aparentemente manifiesto. El predecesor de Obama, George Bush, no tuvo tal suerte. Cuando él espontáneamente citó a «Jesucristo» como su filósofo político favorito en un debate en el año 1999, dio comienzo a una tormenta que persistió a lo largo de su presidencia. Al introducir en Google la frase «George Bush cristiano fascista», obtengo más de once millones de entradas y títulos de artículos como «George Bush y el ascenso del fascismo cristiano», «¡Apocalipsis no! ¿Fascismo cristiano? Y el legado nazi», y «George W, el cristiano fascista». Desgraciadamente, hoy día en la tierra del asno, el cristianismo es aceptable mientras exista en los márgenes: tímido y discreto.

La declaración en el Desayuno de Oración del presidente Obama se yuxtapone al mandato emitido por la administración que requiere que los grupos de fe proporcionen cobertura pagada a la contracepción, la esterilización y las medicinas inductoras de aborto. Tales mandatos desafían las enseñanzas católicas y también las de otros grupos de fe. Los medios de comunicación, los aliados del presidente a favor del aborto, y cristianos tibios de todas las denominaciones se apresuraron a salir a escena y asegurar a sus audiencias que no era un asunto de libertad religiosa sino de cuidado de salud básico. Puede que se hayan convencido a sí mismos, pero recordaron a muchos estadounidenses que el asno sigue teniendo graves problemas con el Cordero.

La hostilidad de facto del asno hacia el Cordero se hizo evidente meses antes de las elecciones presidenciales de 2012, cuando el presidente Obama expresó una «evolución» de opinión con respecto al matrimonio. Aunque el presidente expresó al pastor Rick Warren en 2008 su compromiso con el matrimonio como una unión entre un hombre y una mujer, el presidente Obama de 2012 pasó a apoyar el matrimonio entre personas del mismo sexo.

Inmediatamente, yo hice la siguiente declaración que fue posteriormente incluida y citada como referencia en artículos y presentaciones por *Fox News, Charisma Magazine, CNN, New York Times* y otros:

> En primer lugar, como cristianos debemos permanecer comprometidos a reconciliar *Imago Dei* vertical: la imagen de Dios en cada ser humano, con *habitus Christus* horizontal: los hábitos y acciones de Cristo. Esto requiere una nueva narrativa, un discurso alternativo en el que defendamos la verdad sin sacrificar el civismo.
>
> Dentro de este contexto es donde expresamos nuestro profundo desengaño con el cambio de posición del presidente Obama sobre el asunto vitalmente importante de la protección al matrimonio. El matrimonio siempre ha sido y siempre

debería seguir siendo la unión de un hombre y una mujer. Y a la vez que defendemos el matrimonio tradicional, afirmamos que la imagen de Dios vive en todos los seres humanos: negros y blancos, ricos y pobres, heterosexuales y gays, conservadores y liberales, ciudadanos e indocumentados.

Nuestro reto es ver la imagen de Dios en el que sufre, el marginado, el oprimido y el que se duele. Nuestro reto es ver la imagen de Dios en todo ser humano, incluyendo aquellos con quienes estamos en desacuerdo. Nuestro reto es ver la imagen de Dios en quienes se oponen a nosotros. Nuestro reto es ver la imagen de Dios incluso en quienes nos persiguen y nos calumnian. Nuestro reto es ver la imagen de Dios en amigos y enemigos, conocidos y extraños, fuertes y débiles, opresores y liberadores.

Creemos que este enfoque es bíblico, no político. Como seguidores de Cristo, seguimos comprometidos a hacer avanzar no la agenda del asno o del elefante, sino solamente la agenda del Cordero. La agenda de Cristo es una de rectitud y justicia, de santificación y servicio, de pacto y comunidad, de santidad y humildad, de convicción y compasión. Esta agenda es la que proporciona el imperativo moral para defender la verdad bíblica con amor y civismo.

Mientras que el apoyo del presidente Obama al matrimonio entre personas del mismo sexo no refleja el sentimiento de la mayoría de afroamericanos ni de hispanos y le sitúa en desacuerdo con dos segmentos del electorado que celebraron su elección en 2008, debemos responder con civismo y con convicción.

Para hispanos y afroamericanos, nuestro apoyo a la definición bíblica del matrimonio no es un asunto de política, sino un asunto de fe. Es nuestra fe la que nos impulsa a ocuparnos de los pobres y hablar contra la injusticia. Es nuestra fe la que nos lleva como evangélicos a hablar contra el maltrato y contra la persecución de gays y lesbianas en países del tercer mundo. Es nuestra fe cristiana la que requiere que sostengamos la definición bíblica de matrimonio como una unión sagrada entre un hombre y una mujer.

Para nuestra comunidad, apoyar la definición tradicional de matrimonio no se trata de estar en contra de nadie ni de nada. Entendemos que un matrimonio con una mamá y un papá en el hogar sirve como el antídoto principal contra el embarazo adolescente, la actividad de pandillas, el consumo de drogas, la delincuencia juvenil y muchos males sociales.

De ahí que la gran preocupación que surge de la declaración del presidente es si él seguirá o no iniciativas políticas públicas y federales que en esencia redefinen una institución sagrada cuya definición proviene de la ley natural coherente con una cosmovisión judeocristiana. Esto, desde luego, se añade al reciente mandato HHS que viola los derechos de la primera enmienda de organizaciones religiosas.

Al final, los cristianos creyentes en la Biblia apoyan el matrimonio bíblico y están en contra de la homofobia. Deseamos que todos los norteamericanos acepten la vida, disfruten la libertad y busquen la felicidad, sin excepción alguna.

Sin embargo, también deseamos que nuestros oficiales electos busquen iniciativas políticas que hagan avanzar el bien común, utilizando un lenguaje que nos una en lugar de separarnos. Como nos manda la Escritura, nosotros oraremos por el presidente Obama, por su familia y por sabiduría a medida que él dirige nuestra nación.

También oraremos para que el presidente defienda las libertades religiosas de estadounidenses que, debido a la conciencia y la convicción, no ven este asunto con los mismos lentes que él recientemente utilizó.

> Finalmente, oramos para que su apoyo al matrimonio gay no exacerbe la creciente intolerancia hacia una cosmovisión cristiana que es compartida sinceramente por una mayoría de las comunidades afroamericana e hispana.

Como resultado de movimientos como este, hay una creciente disonancia entre el asno y el Cordero. Estadísticamente, aunque el asno identifica a afroamericanos e hispanos como miembros de sus bases, estas dos comunidades siguen desarrollándose en su creencia cristiana. En otras palabras, a menos que el asno se reconcilie con el Cordero, el asno puede que termine este siglo en el circo del oscurantismo político.

El elefante contra el Cordero

El elefante debe vencer toda una serie de obstáculos distintivos si quiere aceptar la agenda del Cordero. Algunos se encuentran dentro del partido; otros están fuera. Algunos se encuentran tanto dentro como fuera.

Quizá ningún partido político en ningún lugar del mundo haya tenido una fundación más honorable que el partido republicano. En la década anterior a la Guerra Civil, surgió del lado del partido Whig concretamente porque los Whig no se movieron horizontalmente en la cruz y aceptaron una agenda de justicia. El destacado problema de justicia en aquella época era, desde luego, la esclavitud. Aunque Abraham Lincoln no era asistente a la iglesia y no había aceptado plenamente a Jesucristo, entendía la fuente de la misión de justicia de su partido, tal como declaró en su segundo discurso de investidura un mes antes del final de la guerra en 1865:

> Esperamos, y oramos fervientemente, para que este potente azote de la guerra pueda pasar rápidamente. Sin embargo, si

> es voluntad de Dios que continúe, hasta que toda la riqueza apilada por los doscientos cincuenta años de duro trabajo de los hombres queden hundida, y hasta que cada gota de sangre obtenida con el látigo sea pagada por otra obtenida con la espada, y como se dijo hace tres mil años, aún debe decirse: «los juicios del Señor son verdad, son todos justos».[7]

Después del asesinato de Lincoln, los denominados republicanos radicales en el Congreso sostuvieron la misión de justicia del partido en su esfuerzo por integrar a los recientemente esclavos en la sociedad. Al final, no tuvieron éxito. Para asegurar el éxito, el partido habría necesitado un líder tan carismático en todos los sentidos como Lincoln; y no lo tuvieron en Andrew Johnson. Johnson era, sin embargo, cristiano devoto, cuya visión del papel de la iglesia en el estado le aseguraría el ser catalogado como extremista en la actualidad. Johnson dijo:

> ¡Yo sí creo en el Dios todopoderoso! Y también creo en la Biblia... Miremos hacia adelante al tiempo en que podamos tomar la bandera de nuestro país y clavarla debajo de la cruz, y que allí ondee como ondeaba en los tiempos antiguos, y reunámonos alrededor de ella e inscribamos nuestro lema: «Libertad y Unión, una e inseparable, ahora y para siempre, y exclamemos: ¡primero Cristo, nuestro país después!».[8]

En 1877, doce años después de la guerra, ante la incesante oposición tanto en el Congreso como en los bosques del sur llenos de guerrilla, los republicanos habían agotado su voluntad y habían abandonado su misión. Una razón de su fracaso definitivo fue que no habían convencido a América de que la integración era un imperativo cristiano. Desde ese punto en adelante, en ambos partidos, la política se trataba principalmente, pero no exclusivamente, de negocios.

La década de 1960 produjo varios cambios en las dinámicas del partido. Hasta entonces, los demócratas habían sido el partido de la segregación y los republicanos el partido de los derechos civiles. Jackie Robinson, por ejemplo, era republicano. Los demócratas, sin embargo, mantuvieron la Casa Blanca y el Congreso a lo largo de la mayor parte de aquella década. Los demócratas condujeron la tarea, con considerable ayuda republicana, de asegurar derechos básicos a los afroamericanos, y en el proceso se ganaron la lealtad de la gran mayoría de votantes de raza negra, una lealtad que han mantenido desde entonces.

Hace cincuenta años, los demócratas vieron la relación entre luchar por los derechos de los no nacidos y luchar por los derechos de las minorías. Consideremos este convincente argumento a favor de la vida en la Marcha por la Vida en 1977 en Washington:

> Hay quienes argumentan que el derecho a la intimidad es de un orden mayor que el derecho a la vida... Esa era la premisa de la esclavitud. No se podía protestar por la existencia o el trato de los esclavos en la plantación porque era un asunto privado y, por tanto, estaba fuera del derecho el interesarse por ello... ¿Qué sucede en la mente de una persona, y en el tejido moral de una nación, que acepta el aborto de la vida de un bebé sin que le remuerda la conciencia? ¿Qué tipo de persona y qué tipo de sociedad tendremos de aquí en veinte años si la vida puede ser arrebatada de modo tan indiferente?[9]

El discurso fue proclamado nada menos que por Jesse Jackson. Nacido fuera del matrimonio, Jackson se tomó un interés personal en el asunto. «Desde mi perspectiva», argumentaba de modo convincente, «la vida humana es el mayor bien, el *summum bonum*. La vida humana misma es el mayor bien humano y Dios es el bien supremo porque Él es el dador de la vida».[10]

Aproximadamente al mismo tiempo del discurso de Jackson, los demócratas comenzaron a cortejar, y finalmente captar, al emergente movimiento feminista. Para asegurarse esa lealtad, los demócratas casi abandonaron cualquier compromiso a la vida y a los asuntos familiares.

«Querida o no querida, creo que la vida humana, incluso en sus primeras etapas, tiene ciertos derechos que deben ser reconocidos: el derecho a nacer, el derecho a amar, el derecho a envejecer», escribió el difunto senador Ted Kennedy en 1971. «Cuando la Historia dirija su mirada a esta época, debería reconocer a esta generación como una que se preocupó lo bastante por los seres humanos para detener la práctica de la guerra, para proporcionar una vida decente para cada familia, y para cumplir su responsabilidad hacia sus hijos desde el momento mismo de la concepción».[11]

En la época, Kennedy parecía entender que la protección de la vida era una extensión del plano horizontal de la cruz, tal como lo eran otros asuntos sociales. Ambicioso hasta el límite, siguió adelante, tal como hicieron todos los otros ambiciosos demócratas, incluyendo a católicos como él mismo. Al final de su larga carrera como senador, Kennedy estaba obteniendo una puntuación del cien por ciento por parte de grupos a favor del derecho al aborto.

Mientras tanto los republicanos, cuyo elemento de club de campo era indiferente, si no hostil, a los asuntos sobre la vida, pasaron al vacío. Cuando la arena hubo reposado, los republicanos obtuvieron la lealtad de la mayoría de cristianos creyentes en la Biblia, pero gran parte de la vieja guardia republicana se sintió recelosa de esos cristianos y de sus «valores familiares», un término del que la élite republicana se burlaba casi tanto como lo hacían los medios y los demócratas. Al reclamar su posición vertical en la cruz, los conservadores religiosos inevitablemente hicieron frente a oposición por parte de los denominados «conservadores fiscales» dentro de su propio partido.

Al reclamar una posición horizontal, como intentó hacer George W. Bush con su «conservadurismo compasivo», los republicanos se enfrentaron a oposición por parte de sus colegas, que habían llegado a ser comprensiblemente desconfiados de la capacidad del gobierno para ejercer justicia social. Dada esta mezcla de restricciones y el casi monopolio de la izquierda de los medios de comunicación, los republicanos fueron por rutina caricaturizados como despiadados, racistas y xenófobos. La publicidad de la izquierda denunciaba a la «derecha religiosa» como zelotes represivos, y los republicanos de la vieja guardia los denunciaban en privado como pasivos políticos. Los republicanos parecían casi tan incómodos al aceptar la agenda del Cordero como los demócratas.

Las apariencias, sin embargo, pueden ser engañosas. En 2006, el científico social Arthur C. Brooks publicó un libro innovador sobre filantropía titulado *Who Really Cares* [A quién le importa realmente]. Lo que Brooks hizo fue examinar la conducta en la vida real de liberales y conservadores sobre el asunto de la compasión. A pesar de los estereotipos, los resultados fueron innegables. Los autoidentificados como conservadores donan dinero a organizaciones benéficas con más frecuencia que los autoidentificados como liberales. También donan un mayor porcentaje de sus ingresos.[12]

Los conservadores también donan más tiempo a organizaciones benéficas que los liberales; incluso donan más sangre. «Si los liberales y los moderados dieran sangre al mismo ritmo que los conservadores», escribió Brooke, «el suministro de sangre en Estados Unidos daría un salto de un cuarenta y cinco por ciento».[13] Esos descubrimientos eran tan contrainstintivos que Brooks volvió a calcular sus datos para asegurarse de no haber cometido un error.

Con todo esto dicho, los republicanos tienen un largo camino que recorrer antes de redimir el discurso de la cruz. Deben sustituir la imagen de un bloque de evangélicos de raza blanca enojados por una comunidad multiétnica, compasiva y que dice la verdad. Deben entender, a pesar de los patrióticos que puedan ser, que la cruz triunfa incluso sobre la bandera.

El elefante debe decidir si el conservadurismo sigue siendo definido como la preservación y el avance de la vida, la libertad, la familia, la libertad religiosa, el gobierno limitado y los mercados libres o la preservación de un electorado votante monolítico. En otras palabras, el elefante realizará importantes avances si deliberadamente sigue adelante con la misión de justicia de Lincoln y el optimismo moral de Ronald Reagan.

Las dificultades son grandes. Los medios de comunicación asolarán a los republicanos por aceptar públicamente la cruz incluso si lo hacen con un fuerte componente de justicia social. Un segundo reto es edificar ese componente de tal modo que capacite al individuo y no le atrape aun más en toda una vida de dependencia del gobierno. Es posible crear un movimiento que integre los planos vertical y horizontal de la cruz, pero no puede hacerse sin un poco de valentía, mucho carácter y un importante don de dirección divina.

4.
Rectitud y justicia

Él escribió la ley con un dedo y la gracia con ambas manos. El mismo Dios que señaló hacia la rectitud mediante tablas de piedra, igualmente impartió justicia redentora mediante el sacrificio en la cruz. Él es, después de todo, el Dios de rectitud y justicia.

Aunque parece haber poco debate sobre la definición de *rectitud* como un acto de ley moral e integridad, la palabra *justicia* destaca como uno de los términos más explotados y pervertidos en toda nuestra vida.

Antes de avanzar en esta discusión, primero debemos hacernos la pregunta: ¿qué es exactamente justicia? Aunque muchas operativas en la esfera política han intentado poner su sello sobre la palabra (justicia social, justicia económica, justicia medioambiental), nadie tiene aún los derechos del término. Tampoco lo tendrán nunca. La justicia no pertenece a la derecha o la izquierda. La justicia fluye de lo alto con el propósito de elevar lo bajo.

¿Qué es justicia? Justicia no es el propósito del gran gobierno. Justicia es la pasión de un gran Dios. Justicia no es un término político a ser explotado sino un término profético a ser practicado. La justicia no resulta en patéticos intentos por interés propio, sino en posturas proféticas de activismo.

¿Qué es justicia? La justicia en ocasiones marchará, en otras ocasiones se manifestará, y aun en otras ocasiones cantará, pero la justicia siempre hablará por aquellos que no pueden hablar por sí mismos. La justicia es portavoz del que sufre, defensora del pobre y padre del huérfano.

¿Qué es justicia? La justicia discurre no desde el asno o el elefante. La justicia es dada a luz por el Cordero. Porque si el corazón de Dios es denominado «rectitud», entonces su mano es denominada «justicia». Justicia es rectitud horizontal. Justicia es rectitud aplicada.

Porque sin rectitud, es imposible ni siquiera imaginar justicia. Aquí yace el problema de nuestra época. Muchos intentan hacer justicia sin aceptar la rectitud. No entienden que el plano horizontal de la cruz sin el vertical se ve como cualquier otra madera en el suelo.

Si la agenda del Cordero ha de ser cumplida, el movimiento de la cruz demanda *tanto* rectitud *como* justicia, y no *la una o la otra*. Afortunadamente, existe una generación dentro de la iglesia que tiene el deseo de corazón de reconciliar los dos planos. Esta generación busca un evangelio holístico que mire hacia arriba y mire alrededor, con manos santas levantadas en alto y manos ayudadoras extendidas.

Por demasiado tiempo hemos pensado que es posible, e incluso útil, separar estos dos planos; sin embargo, la práctica misma de separar rectitud y justicia tiene el efecto en el mundo real de separar denominaciones, comunidades y etnias unas de las otras. En realidad, no existe una entidad tal como una iglesia solo de rectitud o una iglesia solo de justicia. Hay solamente una iglesia verdadera, la iglesia de Jesucristo, y le aseguro al lector: la iglesia no sufre trastorno bipolar. Permanece comprometida, como siempre lo ha estado, a la rectitud y la justicia.

Las palabras en Salmos 89.14 no podrían ser más claras: «La rectitud y la justicia son el cimiento de tu trono; el amor inagotable y la verdad van como séquito delante de ti» (NTV).

Como dijimos anteriormente, los evangélicos de raza blanca en el siglo XX tendían a enfocarse en problemas de rectitud, mientras que los evangélicos de raza negra tendían a enfocarse en la justicia. Si queremos atraer a esta generación de estadounidenses al mensaje de salvación y transformación, debemos llevar los planos vertical y horizontal a las esferas de la vida, la iglesia, la comunidad y la cultura. Debemos presentar la Biblia en el contexto de la salvación espiritual eterna por medio de Cristo y el alcance socialmente transformador al pueblo de Cristo. Y el pueblo de Cristo, recuerde, incluye a toda la humanidad.

Si queremos atraer a esta generación con las buenas nuevas, debemos reconciliar la óptica de la redención con la métrica de la reconciliación. Esta generación busca una causa. En su ADN se puede encontrar una pasión por la administración profética, pero en este momento esa pasión está siendo en gran medida desperdiciada. Quienes ocupaban Wall Street lo hicieron solo hasta que cayeron las primeras nevadas. Quienes se reunieron en Tea Parties lo hicieron solo hasta que llegaron los resultados de las elecciones de 2010. Aquellos no eran, no podían ser, fines en sí mismos. Tampoco puede ser un fin en sí mismo la defensa del medioambiente, el feminismo, el radicalismo, el socialismo, el libertarianismo, o ningún otro tipo de «ismo», de hecho.

La juventud de esta generación puede satisfacer esa pasión por la justicia mediante la Palabra. La Palabra de Dios inspirada ofrece de modo único a esta generación una causa mayor que ella misma. De hecho, el evangelio de Jesucristo permanece como el manifiesto para tal causa, el imperativo moral contextualizado para la rectitud y la justicia.

Con la agenda del Cordero, esta generación restablecerá la rectitud y reclamará justicia. Rescatará el discurso de justicia de los ingenieros sociales, los manipuladores políticos y los materialistas utópicos. Liberará a las personas de una dependencia del gobierno y las inspirará hacia una dependencia de Dios.

Con la agenda del Cordero, la iglesia centrada en Cristo y creyente en la Biblia emergerá una vez más como la institución más transformadora en cada comunidad. La iglesia será la catalizadora del cambio, reconciliadora de comunidades, la causa verdaderamente unificadora.

Como paréntesis, uno de los rasgos distintivos en la cultura latinoamericana nació en el compromiso inicial de la Corona Española en los primeros tiempos de la exploración. A medida que los españoles construyeron ciudades por toda América Latina, se comprometieron a construir una iglesia en el centro de cada ciudad. De hecho, hasta la fecha, puede llegarse hasta el centro mismo de ciudades latinoamericanas, desde Argentina a México y todos los puntos intermedios, siguiendo las señales que indican hacia la iglesia.

La reciente película, *For Greater Glory*, protagonizada por Andy Garcia, dirigida por Dean Wright y producida por Pablo José Barroso, capta la centralidad del cristianismo para la vida latinoamericana. La película cuenta la historia verdadera de la Guerra de Cristeros, que se desarrolló en México a finales de la década de 1920.

En aquel momento, el presidente ateo de México, Plutarco Elías Calles, comenzó a implementar estrictas leyes anticlericales. Los clérigos que resistían eran, en muchos casos, encarcelados o asesinados. Sin embargo, Calles subestimó la profundidad del compromiso del pueblo con el cristianismo y con la libertad religiosa. La rebelión de los «Cristeros» atrajo la atención del mundo.

El 27 de junio de 1929, casi tres años después de que comenzase la rebelión, el gobierno mexicano cedió, y las campanas de la iglesia sonaron en México por primera vez en casi tres años. Más de treinta mil cristeros murieron para que eso sucediera. Felicitaciones a los cineastas por dar vida a esta historia inspiracional. Su llegada a los cines estadounidenses durante el fragor del debate sobre la libertad religiosa parece algo más que un poco providencial.

Irónicamente, mientras California continúa su inconsciente esfuerzo por eliminar todo vestigio del legado de Cristo de la plaza pública, no puede separarse de los nombres de sus principales ciudades, todas las cuales tuvieron su comienzo como misiones españolas: Los Ángeles, San Francisco, San Diego, Santa Bárbara, y muchas otras.

A medida que reconstruyamos la cruz y restauremos el plano de justicia a su lugar adecuado, la iglesia emergerá una vez más como el centro de nuestras comunidades. Porque hubo un tiempo en que los sin techo, las viudas, los huérfanos, los adictos y los desempleados dependían más del alcance compasivo de la iglesia que de la condescendencia del estado, o el tío Sam.

Aunque nuestro buen tío puede ayudar en el alcance de la justicia, no puede ser él quien asuma el liderazgo. ¿Por qué? El tío Sam no está ungido en el camino de la rectitud y la justicia. Sus obreros hacen lo que hacen por un salario, algunos con compasión en sus corazones sin duda, pero algunos sin ella. Además, también, las personas que pagan para esos salarios puede que ni siquiera crean en lo que los obreros están haciendo. Esos contribuyentes tienen pocas o ninguna otra opción sino la de pagar; la alternativa a no pagar es la cárcel.

Este sistema tiene sus virtudes, pero no son virtudes cristianas. «Amad, pues, a vuestros enemigos», dijo Jesús en Lucas 6.34–35, «y haced bien, y prestad, no esperando de ello nada; y será vuestro galardón grande, y seréis hijos del Altísimo; porque él es benigno para con los ingratos y malos».

Socialistas cristianos, y ocasionalmente incluso socialistas no cristianos, se esfuerzan por hacer que Jesús sea uno de los suyos. Les gusta citar los muchos ruegos de Jesús por caridad y compasión y, si se les empuja a nacionalizar esos gestos, citan un pasaje en particular de Mateo 25.32: «Y serán reunidas delante de él todas las naciones; y apartará los unos de los otros, como aparta el pastor las ovejas de los cabritos».

La palabra crítica es *naciones*. Se ofrece el argumento de que Jesús sonríe a esas naciones-estado que dirigen sus políticas redistributivas hacia «los más pequeños de estos mis hermanos». Aunque es creativo, esto desafía todo lo demás expresado sobre este asunto tanto en el Antiguo como en el Nuevo Testamento. En ningún lugar en la Biblia Jesús, Dios Padre, Moisés, los apóstoles, los profetas, ni nadie de importancia argumenta que los fieles deberían ceder la misión de justicia a un estado secular. En cada ocasión en la Biblia, es el individuo, la comunidad, la familia o la iglesia quien asume la responsabilidad de ocuparse de los más pequeños de nuestros hermanos.

Cuando los gobiernos asumen el control de la agenda de justicia, casi nunca pueden refrenarse a sí mismos de querer cada vez más poder. «De todas las tiranías», dijo acertadamente C. S. Lewis, «una tiranía sinceramente ejercida para el bien de sus víctimas puede que sea la más opresiva».[1]

Josef Stalin demostró el punto de Lewis. En 1928, Stalin lanzó un plan a cinco años para asegurar una distribución más igualitaria de la riqueza entre los ciudadanos de la Unión Soviética. Para comenzar, él esperaba erradicar «todas las tendencias kulak». Un «kulak» se definió originalmente como el equivalente al «uno por ciento» en la jerga de Ocupemos Wall Street. Eran literalmente propietarios de grandes explotaciones que producían más de lo que se decía que necesitaban.

En 1930, impuestos cada vez mayores habían empobrecido incluso a los ricos kulaks. Sin estar satisfecho, Stalin se apropió de sus propiedades, y entonces comenzó a definir «kulak» con el significado de todos los dueños de propiedades, inclusive campesinos, y los obligó a todos a formar grupos colectivos. Cuando los kulaks y los campesinos se resistieron, Stalin comenzó una escalada de arrestos, deportaciones y ejecuciones, y finalmente un implacable plan de inanición forzosa.

Cuando los dueños de tierras siguieron resistiendo, Stalin envió a sus tropas para hacer cumplir la «ley de la mazorca» (así llamada porque un campesino podía ser arrestado y ejecutado por retener cualquier «propiedad socialista», hasta una mazorca de maíz). Al final del plan de cinco años, hubo al menos cinco millones de muertos, todos ellos asesinados en nombre de la justicia social.[2]

La Unión Soviética es un caso extremo, pero no tan extremo. La experiencia de quienes viven bajo el comunismo en China, Cuba, Camboya y otros países ha sido igualmente mala o peor. Incluso en países socialistas relativamente iluminados, la fe religiosa es inevitablemente sacrificada por el creciente poder del estado. Las personas pierden la confianza en su capacidad de marcar una diferencia. Dejan de tener hijos; viven para sí mismas día a día. Si una nación quiere alcanzar verdadera justicia social, justicia compasiva y no coercitiva, los seguidores de Cristo ungidos deben asumir el liderazgo. Hemos visto muchos brillantes ejemplos de ello en el pasado.

William Wilberforce

Un hombre que demanda especial atención es el abolicionista británico William Wilberforce. Wilberforce entró en el Parlamento británico en 1784 como un gandul y un dandy. Sin embargo, mediante una serie de encuentros providenciales, se embarcó en lo que él denominó su «gran cambio». Escéptico religioso, Wilberforce comenzó a abrir su mente después de una larga conversación con un amigo de confianza. Después siguió el estudio de la Biblia. Aunque la sociedad educada tenía poco uso que hacer de los creyentes sinceros, Wilberforce emergió de este período de reflexión y estudio como un dedicado cristiano evangélico.

A lo largo del camino se encontró con John Newton, un anterior tratante de esclavos convertido en pastor, quien fue también el escritor del clásico himno «Amazing Grace». Después de su encuentro, Wilberforce escribió: «mi mente estaba en un estado de calma y tranquilidad, más humillada, mirando más devotamente a Dios».[3] Si esta mirada hacia arriba representase el plano vertical de la cruz, Newton alentó a Wilberforce a situar también uno horizontal; es decir, la abolición del mercado de esclavos. Él creía que Dios había levantado a Wilberforce «para el bien de la nación».[4]

Contrariamente a políticos cuyas pasiones van y vienen, Wilberforce defendió esta causa hasta su muerte, casi cincuenta años después. Él no estaba ahí para ganar votos sino para servir al Señor. Además, solamente una profunda devoción pudo haberle capacitado para luchar por tanto tiempo como lo hizo y para ignorar los desaires que salieron a su camino.

En la época, Bretaña era el líder mundial en ese impío mercado. Había muchos intereses creados que vencer, y no solo los económicos. La familia real británica poco defendía la abolición. Incluso el almirante Lord Nelson, el mayor héroe naval de Bretaña, rechazó violentamente «la condenable doctrina de Wilberforce y de sus hipócritas aliados».[5]

El éxito no llegó con facilidad. Wilberforce y sus colegas necesitarían veinte años para prohibir el mercado de esclavos en Bretaña y otros veinticinco años después para abolir la esclavitud por todo el imperio británico. «Si estar vivo con gran sentimiento a los sufrimientos de mis congéneres es ser un fanático», dijo Wilberforce en aquel entonces, «yo soy uno de los fanáticos más incurables, con mucho, que se haya permitido alguna vez».[6]

Bill Wilson

Bill Wilson era un borracho. Probó por primera vez el alcohol cuando era soldado durante la Primera Guerra Mundial y le resultó difícil mantenerse sobrio durante los siguientes quince años. Ebby Thacher, un amigo de la niñez de Wilson, también era un borracho. Pero mediante su participación en el Oxford Group, un movimiento no denominacional basado en el cristianismo del primer siglo, encontró la fortaleza para mantenerse sobrio.

En 1934, Thacher visitó a Wilson y convenció a su amigo de que, basándose en su propia experiencia, Dios podía ayudarle a sobreponerse a su adicción. Aunque no era una persona religiosa, Wilson se abrió al mensaje de Thacher. Wilson escribió lo siguiente sobre su experiencia de conversión:

> Allí (en el hospital) me ofrecí humildemente a Dios, tal como entonces le entendí, para que Él hiciera conmigo lo que quisiera. Me situé sin reserva alguna bajo su cuidado y dirección. Admití por primera vez que por mí mismo yo no era nada; que sin Él estaba perdido. Hice frente implacablemente a mis pecados y estuve dispuesto a que mi recién encontrado Amigo se los llevase, con raíces y ramas. Desde entonces no he bebido un trago.[7]

Desde el principio mismo, Wilson entendió el mensaje de dos planos de la cruz. No era suficiente con salvarse a sí mismo mediante su experiencia personal con Dios. Tenía que acercarse y ayudar a otros. Él escribió: «La fe sin obras era muerta; ¡y qué terriblemente cierto para el alcohólico! Porque si un alcohólico no perfeccionase y agrandase su vida espiritual mediante las obras y el autosacrificio por otros, no podría sobrevivir a las seguras pruebas y puntos bajos que llegarán».[8]

Wilson y Bob Smith, otro alcohólico en recuperación, dejaron el Oxford Group en gran parte porque el grupo no entendía el alcance horizontal de Wilson. El alcohólico se beneficiaba, pensaba Wilson, de una confianza en Dios y una relación comunal con otros creyentes. En 1937, Wilson y unos cuantos colegas escribieron el libro *Alcoholics Anonymous: The Story of How More Than One Hundred Men Have Recovered from Alcoholism* [Alcohólicos Anónimos: La historia de cómo más de cien hombres se han recuperado del alcoholismo]. Sería de este libro, «El gran libro» de donde la organización de la que Wilson fue cofundador (Alcohólicos Anónimos) derivó su nombre.

Aunque Wilson no hizo de AA una organización centrada en Cristo, uno siente la mano de Cristo tras ella. Actualmente hay más de cien mil grupos de AA en todo el mundo, y casi dos millones de miembros. Funciona exactamente como debería hacerlo la filantropía piadosa. No tiene jerarquía de liderazgo, ninguna agenda política, ningún grupo de presión, ni apoyo alguno en financiación del gobierno. Wilson llamó a AA una «anarquía benigna».[9] Aunque AA es criticado por quienes piensan de él demasiado religiosamente y también por quienes no piensan de él lo bastante religiosamente, sirve como un valioso modelo de cómo un creyente puede ayudar a resolver un importante problema en la sociedad como un brazo del ministerio cristiano sin intervención del gobierno.

Martin Luther King Jr.

Martin Luther King se ha convertido, desde luego, en un icono nacional, pero es útil recordar las raíces profundamente cristianas de su misión. Aunque era un ser humano imperfecto como el resto de nosotros, King está entre los mayores modelos estadounidenses de la tradición profética. Se movió en los planos vertical y horizontal de la cruz, emulando a Cristo tanto en la vida como en la muerte.

En cierto sentido escéptico cuando era niño, King profundizó su fe mediante la oración y el estudio, primero en el seminario Crozer Theological en Pennsylvania y más adelante en la Universidad de Boston, donde recibió su doctorado en filosofía. Como pastor, se apoyaba fuertemente en la Biblia para obtener tanto inspiración como dirección.

King llegó a la mayoría de edad en un momento crítico en la historia estadounidense. En aquella época había varias personas y grupos que aspiraban a dirigir el ascendente movimiento por los derechos civiles. Pero en su sabiduría, Dios escogió a Martin Luther King Jr.

King sacó gran parte de su propia sabiduría de las famosas Bienaventuranzas de Jesús, que ayudaron a estructurar la respuesta de King a la violencia que él sabía que su movimiento inevitablemente afrontaría. Expresó sus pensamientos del modo siguiente:

> Devolver odio por odio multiplica el odio, añadiendo una oscuridad más profunda a una noche ya vacía de estrellas. La oscuridad no puede expulsar a la oscuridad: solo la luz puede hacer eso. El odio no puede expulsar al odio: solo el amor puede hacer eso. El odio multiplica odio, la violencia multiplica violencia, y la dureza multiplica dureza en una espiral descendente de destrucción. Por tanto, cuando Jesús dijo: «Amad a vuestros enemigos», está dando una profunda y finalmente inescapable advertencia... La reacción en cadena de la maldad, donde el odio engendra odio, y las guerras producen más guerras, debe ser rota, o nos veremos inmersos en el oscuro abismo de la aniquilación.[10]

Una razón por la que King y Southern Christian Leadership Conference (Conferencia Sur de Liderazgo Cristiano) pudieron lograr cosas que sus compañeros seculares en la Urban League o la NAACP (Asociación Nacional para el Progreso de las Personas de Color) no pudieron fue que él apelaba a la misma tradición mayor que los cristianos estadounidenses de raza blanca también honraban. «Si estamos equivocados», dijo King en una ocasión de su misión, «Jesús de Nazaret era solamente un soñador utópico que nunca descendió a la tierra».[11]

Obviamente, hay muchos asuntos no terminados con respecto al sueño de King. Ha habido más de un candidato, pero ningún cristiano de su estatura para ponerse a la altura en los cuarenta y cinco años desde su muerte y hacer avanzar su cruz. Eso puede cambiar. Oramos para que así sea.

Charles Colson

Cuando Charles Colson entró en la cárcel Maxwell Correctional Facility por delitos relacionados con el Watergate en Alabama en julio de 1974, nadie, inclusive quizá Colson mismo, podría haber anticipado el plan que Dios tenía preparado para él. En aquel momento, Colson era conocido como uno de los tenientes de Richard Nixon más implacables: un sicario. Una cita de un oficial de Washington de que «Colson pisaría a su propia abuela si tenía que hacerlo» se convirtió en una cita de Colson diciendo él mismo precisamente eso. Nunca lo hizo, desde luego, pero daba la impresión de que podría haberlo hecho.

Además, cuando la noticia de la conversión de Colson al cristianismo llegó a la prensa en 1973, el *Boston Globe* informaba: «Si el Sr. Colson puede arrepentirse de sus pecados, entonces tiene que haber esperanza para cualquiera».[12] Por supuesto, hay esperanza para cualquiera, y la vida de Colson después del Watergate es un testamento de eso.

De hecho, Colson encontró su fe antes de la cárcel. Esa fe le inspiró a declararse culpable y aceptar su destino. Ese destino se convirtió en su llamado. Él nunca pudo olvidar la desesperanza y la desesperación que vio en sus compañeros convictos. Un año después de su puesta en libertad, Colson comenzó a ofrecer seminarios para prisioneros que tenían permiso en Washington DC. Cuando un alcaide le retó a llevar los programas al interior de las cárceles, Colson hizo precisamente eso.

Ese movimiento abrió las puertas para que cientos de miles de prisioneros en todo el mundo recibieran enseñanza con base bíblica mediante seminarios y estudios bíblicos. También produjo en Colson la necesidad de formar a voluntarios locales para entrar en cárceles y trabajar directamente con prisioneros. En los años desde entonces, el ministerio de Colson, Prison Fellowship, ha llegado a convertirse en el servicio de alcance en cárceles más extenso del mundo, con una red de voluntarios de más de veinte mil.

Colson fue un buen samaritano actual, que se mantuvo comprometido a llevar las buenas nuevas a los pobres y libertad a los cautivos. Su interés por los encarcelados fue mucho más allá de ministrar a las necesidades espirituales de quienes estaban en la cárcel. Colson se interesó por sus familias fuera de las puertas de la cárcel. Su deseo era ver a la iglesia no solo participar en la cultura sino también reformarla. Figura icónica, él enriqueció a la comunidad cristiana al personificar el poder de un discurso redentor.

No es sorprendente que el ministerio en la cárcel se haya enfrentado a oposición por parte de los ideólogos de la izquierda. Las mismas personas que han tenido éxito en sacar a Dios de las escuelas ahora quieren sacar a Dios de las cárceles. Están trabajando mediante los juzgados para hacer precisamente eso a pesar de los beneficios tangibles para la sociedad que tiene la transformación de delincuentes no arrepentidos en cristianos practicantes.

«Los cristianos nunca deberían tener un partido político», dijo Colson. «Es un inmenso error llegar a casarse con una ideología, porque el mayor enemigo del evangelio es la ideología. La ideología es un formato hecho por el hombre sobre cómo debiera funcionar el mundo, y los cristianos, en cambio, creían en la reveladora verdad de la Escritura».[13]

Para gran tristeza por mi parte, Chuck Colson murió poco antes de que se publicarse *La agenda del Cordero*. Tuve el privilegio de servir a su lado en la junta del seminario Gordon Conwell Theological y de servir como su compañero hispano para la Declaración de Manhattan: hablaré de ello más adelante. Él sirvió como una de mis mayores inspiraciones. Su experiencia personal habla de un hombre que cayó en la gracia en lugar de caer de la gracia. Desde el nacimiento de Prison Fellowship a la Declaración de Manhattan, la óptica del doctor Colson de reconciliar verdad y amor impregnó todos los aspectos de su vida. Aunque su voz física pueda ser silenciada, sus ideas y convicciones seguirán adelante mediante una generación comprometida a reconciliar rectitud y justicia.

Como resultado de sus experiencias, Colson llegó a ser militantemente defensor de la vida. «La agenda en defensa de la vida no tiene significado alguno aparte de estar arraigada en la verdad absoluta, en verdades evidentes por sí mismas; verdades que son verdad porque son verdad, y no porque alguien diga que son verdad», dijo Colson.[14] Tal como Colson entendía de manera implícita, la agenda del Cordero requiere reconciliar una plataforma a favor de la vida y la familia con la búsqueda de justicia social, ya sea que esa búsqueda conduzca al individuo al ministerio en cárceles, a trabajo por los derechos civiles, a cuidado de los adictos, a la lucha contra el mercado de esclavos (que continúa hasta el día de hoy), o a muchas otras causas que fluyen de modo natural del plano horizontal de la cruz. Es imposible hablar adecuadamente de estos asuntos sin tener una base a favor de la vida.

Personas con buenas intenciones que colaboran en asuntos sociales con enemigos de la vida normalmente se encuentran traicionados. En 2006, el cardenal de Los Ángeles, Roger Mahony, aprendió esto por el camino difícil cuando arriesgó su reputación para cooperar con Dolores Huerta, cofundadora de United Farm

Workers (Unión de Campesinos), y con el liderazgo de SEIU (Sindicato Internacional de Empleados de Servicios) en el problema de la inmigración ilegal. Cuando la iglesia católica en Los Ángeles fue desafiada con respecto a su colaboración con personas de la izquierda hostiles al asunto de la vida, sus líderes insistieron: «Esto no se trata de izquierda o derecha. Se trata de justicia».[15]

Unos meses después, los sindicatos y Huerta pagaron a la iglesia católica por su apoyo descartando la duradera neutralidad de la fuerza laboral organizada sobre el tema del aborto y pidiendo a sus miembros que rechazaran la Proposición 85. Esta proposición meramente habría requerido que las muchachas menores de edad obtuvieran permiso de sus padres antes de un aborto. Como observó *Los Angeles Times*, Huerta, «que era católico romana», había sido fundamental para difundir la indicación entre los miembros del sindicato cuyo apoyo demostraría ser crucial para la derrota de la Proposición 85 por un estrecho margen de 53 a 47.[16] Contrariamente a Huerta, el difunto fundador de UFW, César Chávez, era un devoto católico que basaba su misión de justicia social en la tradición cristiana. Él habría quedado horrorizado.

Tal como Chávez entendía, el nexo de rectitud y justicia es la vida y la familia. Permítame insertar aquí un agradecimiento personal a Steve Macías, coordinador regional de la costa oeste de Students of America for Life, que entiende la herencia de Chávez. Sierra College de California intentó recientemente apropiarse de su serie César Chávez Speaker promoviendo un foro radical y pro-aborto que presentaba a gerentes de clínicas abortistas y defensores del aborto. Macías tomó la palabra. Mexicano-americano de una familia inmigrante de agricultores, Macías protestó por la serie porque prometía no solo abusar del dinero de los contribuyentes, sino también «deshonrar el legado de César Chávez».[17] Macías y sus aliados tuvieron éxito en su protesta, y la universidad retiró su apoyo.

Seamos claros. La justicia social comienza con la vida. Porque sin vida, uno no puede abrazar la libertad, y sin libertad es imposible buscar la felicidad. El asunto por excelencia de los derechos civiles del siglo XXI es la protección del no nacido. Nuestra plataforma de justicia siempre debe comenzar con la vida. Esencialmente, justicia no es otra cosa que rectitud en acción. La justicia proporciona la respuesta a la pregunta planteada por Cristo en la ahora famosa parábola del Buen Samaritano: «¿Quién es tu prójimo?». La agenda del Cordero nos impulsa a responder con lo siguiente: mi prójimo es el más vulnerable entre nosotros, y nadie es más vulnerable que el niño que está en el vientre. Wilberforce encontró a su prójimo en las apestosas bodegas de los barcos de esclavos. Bill Wilson encontró al suyo en las zonas de chabolas y los centros de desintoxicación del alcoholismo. Martin Luther King encontró al suyo en los campos de algodón del sur y en los guetos del norte. Charles Colson encontró a su prójimo en celdas de la cárcel y patios de prisiones. César Chávez encontró al suyo en medio del polvo y los insecticidas del valle Imperial de California.

Como líderes cristianos, nuestra respuesta a esta pregunta habla más sobre quiénes somos en lugar de hablar de aquellos a quienes alcanzaremos. La pregunta «¿quién es mi prójimo?» me dice menos sobre aquellos que me rodean que de quién soy yo en medio de un mundo perdido y moribundo.

5.

Reconciliar a Billy Graham con Martin Luther King Jr.

Introduzca en Google la palabra *orgullo* y encontrará cerca de siete millones de entradas. Quitemos de la lista nombres de empresas, libros, producciones y obras de arte, y el portal digital afirma la multitud de aplicaciones que acompañan y aceptan el útero del pecado.

El orgullo no es solo una emoción, o como afirmó Tomás de Aquino en *Summa Theologica*, es la raíz de todo pecado. El orgullo es la mayor motivación para la fama y la fortuna en el siglo XXI. Mientras la humildad se mantiene latente, oculta en el armario de las virtudes arcaicas, el orgullo se pasea por la pasarela vestido de punta en blanco, un modelo para que todos lo observen y lo admiren.

El orgullo no surgió de la idea que llamamos «América», es tan antiguo como Lucifer, pero sin duda alguna, esta antivirtud es tan americana como el pastel de manzana. El orgullo aceptó la esclavitud, mientras la humildad dio nacimiento a la abolición. El orgullo segregaba, mientras la humildad luchó por la unidad. El orgullo condenaba al inocente, mientras la humildad defendió a los vulnerables.

El orgullo gasta, pero la humildad comparte. El orgullo busca reconocimiento, pero la humildad busca rectitud. El orgullo mira hacia dentro y dice: «Cree en ti mismo». La humildad mira hacia arriba y dice: «Cree en algo mayor que el yo».

El orgullo se estira y hace las cosas «a mi manera». La humildad se arrodilla, con la cabeza inclinada, y hace las cosas «a la manera de Él». Sin embargo, el orgullo nunca está solo. El orgullo flirtea con la envidia, la glotonería, la lujuria, la ira, la avaricia, la terquedad y la pereza. Sin embargo, la terquedad es la que siempre parece atraer más.

¿Por qué caen grandes imperios? ¿Por qué caen inmensas corporaciones? ¿Por qué se derrumban relaciones? Orgullo. El orgullo está en el centro del escenario, saludando, sin darse cuenta de que el aplauso es falso y que la representación ha terminado. La humildad, mientras tanto, espera con paciencia en los lados, sabiendo que cuando el orgullo implosione a causa de ese cóctel letal de amor propio y aborrecimiento propio, la gracia hará una silenciosa introducción.

Aunque el orgullo inunda el paisaje cultural estadounidense, personas buenas siguen andando humildemente en el camino del Señor, ninguna más que el reverendo Billy Graham.

Billy Graham y el movimiento vertical

«Acabamos de recibir confirmación: Billy llegará en breve. Tendrán oportunidad de relacionarse y tomaremos una foto de grupo. No sabemos cuánto tiempo se quedará; por tanto, seamos buenos administradores de este tiempo juntos», dijo John Huffman, presidente de la junta de *Christianity Today*, cuando informó a la reunión de los miembros de la junta en Cove, en Carolina del Norte, de la visita de Billy Graham.[1]

Desde que yo tenía catorce años de edad, las dos figuras más influyentes en mi viaje personal han sido Billy Graham y el doctor Martin Luther King Jr. Recuerdo aquella noche de domingo en mis años de adolescencia como si fuese ayer. Después de ver una cruzada de Billy Graham y un especial posterior sobre el doctor King, sentí que la declaración de misión de mi vida podría escribirse ella misma: reconciliar el mensaje de salvación predicado por Billy Graham con el mensaje de justicia social del doctor King.

Mientras me acercaba a darle un apretón de manos a Billy Graham aquel memorable día en Carolina del Norte en el otoño de 2011, sabía más que nunca que había valido la pena seguir esa misión. Delante de mí se sentaba un hombre que había hecho historia. Él dirigió un movimiento evangélico que cambió el rostro del cristianismo, y es más, del mundo, como pocos otros predicadores lo han hecho desde los primeros apóstoles. Billy Graham no solo predicaba el evangelio, sino que también dirigía un movimiento. Hacer ambas cosas no es fácil; se necesita un gran talento e incluso una humildad aun mayor.

El compromiso cristiano de Graham con el evangelio de Jesucristo le impulsó a crear la infraestructura y el aparato de liderazgo necesarios para sostener un movimiento. Quienes buscan un modelo de movimiento de rectitud y justicia del siglo XXI comprometido con la agenda del Cordero harían bien en estudiar el marco fundacional proporcionado por el doctor Graham.

Graham entendió que todo movimiento requería tres componentes para tener una longevidad viable y sostenible: plataformas para lanzar el mensaje, mecanismos de movilización e instrumentos de medida. Entonces pasó a crear y refinar las instituciones necesarias para lograr sus metas.

Con el propósito de lanzar el mensaje, Graham fundó *Christianity Today* en 1956. Él había sentido cada vez mayor preocupación porque el protestantismo tradicional, al abrirse al mundo, había olvidado sus raíces. Este editorial de apertura bosquejaba la misión de Graham:

> *Christianity Today* tiene su origen en un profundo deseo de expresar el cristianismo histórico a la presente generación. Descuidado, desairado, mal representado; el cristianismo evangélico necesita una voz clara, para hablar con convicción y amor, y para declarar su verdadera posición y su relevancia para la crisis del mundo. Una generación ha crecido inconsciente de las verdades básicas de la fe cristiana enseñadas en la Escritura y expresadas en los credos de las iglesias evangélicas históricas.[2]

Para el propósito de la movilización, Graham acudió a Youth for Christ (Juventud para Cristo) y se convirtió en su primer evangelista a tiempo completo mientras no llegaba aún a la edad de treinta años. Para el propósito de la investigación y la educación, ayudó a revivir y reorganizar el seminario Gordon Conwell Theological. Graham entendía la importancia de reconciliar la mercancía con los mecanismos de distribución, el resultado con el proceso, y la sustancia con la forma.

Sin embargo, la sorprendente simplicidad de su mensaje, la salvación mediante Cristo y solamente Cristo, revolucionó la esfera pública. Billy expuso un mensaje que en esencia comunicaba una sencilla verdad: Cristo es la esperanza del mundo. A medida que estadios se llenaban y millones de personas oían el evangelio por primera vez, Billy Graham nos enseñó la lección de la articulación profética deliberada: predicar la Palabra a tiempo y fuera de tiempo.

El reciente éxito de ventas de Laura Hillenbrand, *Unbroken: A World War II Story of Survival, Resilience, and Redemption* [Inquebrantable: Una historia de supervivencia, fortaleza y redención durante la Segunda Guerra Mundial], ha presentado a millones de estadounidenses, muchos de ellos desprevenidos, el mensaje inspiracional de Billy Graham. El libro relata la historia real de Louie Zamperini, un corredor olímpico de larga distancia que regresa a

Estados Unidos después de sobrevivir a los horrores más terribles que la Segunda Guerra Mundial podría ofrecer.

Incapaz de sobreponerse al trauma por sí solo, Zamperini recurrió al alcohol y cedió a la desesperación. Mientras Zamperini estaba consumiendo en la barra en Los Ángeles, Graham, que entonces solo tenía treinta y un años, llegó a su ciudad con su pequeño equipo. Montaron una carpa de circo en la esquina de Washington Boulevard y Hill. «Él tenía una mirada directa», escribió Hillenbrand, «una firme línea de la mandíbula, y un tono sureño en su voz, el producto de una niñez pasada en una granja lechera de Carolina del Norte». Al principio, las multitudes eran pequeñas; pero entonces, escribió Hillenbrand, «sus claros y enfáticos sermones hicieron hablar a la gente».[3]

Finalmente, tras las repetidas insistencias de una amorosa esposa, Zamperini asistió a una de las reuniones de Graham en la carpa. Cuando Graham comenzó a hablar sobre cómo «la oscuridad no oculta los ojos de Dios», Zamperini se sintió incómodo. Graham siguió diciendo que en el día del juicio, el pecador estaría delante de Dios y vería su vida en una pantalla delante de él, «y sus propias palabras, y sus propios pensamientos, y sus propias obras, van a condenarle cuando esté delante de Dios en aquel día».

El orgullo de Zamperini se rebeló, y salió disparado de la carpa. Él era olímpico, un héroe de guerra, y un vividor que hacía las cosas a su manera. Él pensaba: «Yo soy un hombre bueno. Yo soy un hombre bueno». Su esposa le rogó que regresara una noche más. Él cedió, volvió a salir de la carpa solo entonces para descubrir que su furia y su humillación se derretían. Hillenbrand escribió: «Aquella mañana, él creyó, fue una nueva creación. Suavemente, lloró».[4] Zamperini fue una de más de tres millones de personas que encontraron su camino hacia Jesús por medio de Billy Graham.

Como posdata cultural, aunque la mayoría de reseñistas fueron respetuosos dado el temprano éxito de Hillenbrand con su éxito de ventas *Sea Biscuit*, muchos de ellos se negaron a mencionar a Graham, lo cual es extraño dado que este era un relato y el subtítulo nos dice «de redención». Gary Krist fue uno de esos críticos. «¿Qué es lo que capacita a un hombre para soportar tales pruebas y emerger inquebrantable?», escribió Krist en el *Washington Post*.[5] Parece no tener idea, ya que no hace mención de Graham, Dios o Jesucristo.

En esencia, el éxito de Billy puede medirse no solo por lo que él predicó y organizó, sino también por las acciones que él nunca emprendió. Él nunca cambió su mensaje para acomodarse a los tiempos cambiantes. Él nunca sacrificó la verdad sobre el altar de los intereses políticos y nunca puso en un compromiso la integridad personal. Por tanto, el líder icónico de un movimiento demostró que el mensaje y su mensajero deben ser igual sobre el púlpito y fuera del púlpito. A este respecto, el doctor Graham tuvo éxito en modelar un verdadero liderazgo de movimiento, donde el éxito no se mide por la exuberancia sino más bien por la métrica de la integridad y la humildad.

El doctor King y el movimiento horizontal

El mismo año que conocí a Billy Graham, tuve el privilegio de hablar en la iglesia Ebenezer Baptist en Atlanta. No pensé que fuera una coincidencia que en el mismo año que di la mano a mi héroe evangelístico/vertical, diese también la mano a Bernice King, la hija del doctor Martin Luther King Jr., mi héroe evangelístico/horizontal, mientras ella me acompañaba a recorrer el hogar de la niñez de su padre.

Hablamos de su padre, de su sueño y de su fe. Supe que los movimientos exitosos requieren líderes que se levanten con el don de declarar el sueño. King tenía ese don. Él dominaba el arte de la articulación profética y persuasiva que atrapa el corazón, la mente y la mano. Cuando King hablaba, uno oía el título doctoral de la Universidad de Boston y el pulido predicador de Atlanta.

El doctor King con frecuencia hacía referencia a un «viaje». Utilizando la aplicación metafórica y profética de las narrativas bíblicas, él hablaba de un pueblo que llegaría a la tierra prometida. King sabía que para vencer la segregación tenía que utilizar lenguaje que hablase no solo al intelecto sino también al *nephesh*: el alma viva del hombre.

King hablaba el lenguaje de liberación y libertad. En esencia, él veía en Estados Unidos el día en que los marginados abandonaran el desierto de la desesperación y la desesperanza y entrasen en la tierra de la esperanza y la oportunidad. A medida que buscamos reconciliar el mensaje vertical de Billy Graham con el activismo profético del doctor King, debemos preguntarnos: ¿se hizo realidad el sueño del doctor King?

No tengo ninguna duda de que hemos recorrido un largo camino en nuestra nación. Hemos recorrido un largo camino desde Egipto; ya no estamos haciendo ladrillos sin paja. Hemos recorrido un largo camino desde los tiempos de la cautividad, el racismo apoyado por el gobierno y la abominación de la esclavitud. Gracias a Dios que Egipto está en nuestro pasado.

Hemos recorrido un largo camino, América. Hemos recorrido un largo camino desde el desierto de Jim Crow y la segregación. Hemos recorrido un largo camino desde los bombardeos de 16th Street Baptist y los perros desatados contra manifestantes inocentes. Hemos recorrido un largo camino desde el desierto. Sí, hemos recorrido un largo camino. Aunque no estamos donde solíamos estar, reconozcamos el hecho de que aún queda un largo camino por recorrer. Aún no hemos llegado. Acabamos de comenzar.

Yo creo que, como el doctor King profetizó, hemos entrado en la tierra prometida. Hemos cruzado el río Jordán. Hemos llevado el arca y hemos llevado la gloria. Hemos puesto ese primer pie en la tierra que fluye leche y miel, la hemos examinado y hemos saboreado el potencial. ¿Cómo lo hicimos? ¿Cómo cruzamos? ¿Cómo vencimos? Vencimos no mediante temor, desacuerdo o descontento. Vencimos por la sangre del Cordero.

Sin embargo, aunque los tiempos de la esclavitud y de Jim Crow están a nuestras espaldas, aún queda un legado de desconfianza, discordancia, desesperación y quebrantamiento. Puede que hayamos entrado en la tierra prometida, pero al igual que descubrieron los israelitas de antaño, esa tierra no estaba libre de lucha. Había gigantes por la tierra, y también hay gigantes en la nuestra. Hay trabajo que hacer cuando en la actualidad en Estados Unidos millones de niños *no* abrazan la vida, entienden la libertad o persiguen las alegrías que conducen a la felicidad duradera.

Hay trabajo que hacer cuando treinta millones de personas viven en la pobreza. Hay trabajo que hacer cuando adolescentes que no están casadas se quedan embarazadas, hombres abandonan su papel como padres, la pornografía seduce a la tecnología, Dios es burlado, el pecado es aceptado, el relativismo abunda, y el domingo sigue siendo el día más segregado de la semana. Hay trabajo que hacer. Hay trabajo que hacer cuando los narcos son más admirados que los predicadores, cuando los patios escolares parecen campos de batalla, y cuando nuestros vecinos se sientan paralizados al lado de la puerta llamada la Hermosa suplicando cambio. Hay trabajo que hacer.

De hecho, un movimiento de rectitud y justicia comprometido con la agenda del Cordero puede servir como la plataforma facilitadora para un movimiento vertical y horizontal centrado en Cristo, basado en la Biblia, que aborde el trabajo que tenemos delante de nosotros. Billy Graham y Martin Luther King tenían muchas cosas en común, pero una creencia compartida destaca: ambos tenían confianza en que el mismo Dios que comenzó la buena obra terminaría esa obra.

Oráculos ungidos de rectitud y justicia

El doctor King participó en lo que puede describirse mejor como activismo profético. Él entendía que los discursos bíblicos encienden una llama espiritual que informa, inspira e imparte un sentimiento de urgencia. El doctor King era cristiano, un predicador, un líder de los derechos civiles, un ejecutivo organizacional, receptor del premio Nobel de la Paz, pero era más que eso; estaba ungido.

Esta capacitación divina, compartida por Billy Graham y el doctor King igualmente, sirve como el recurso distintivo que capacitó tanto a Graham como a King para hablar con tal elocuencia, gracia y autoridad. En la misma medida, un movimiento de la agenda del Cordero solo puede tener éxito si los oráculos de rectitud y justicia hablan verdad con amor, convicción con compasión, y un mensaje catalizador con una unción innegable.

Necesitamos voces ungidas que se levanten en nuestra nación, desde Main Street hasta Wall Street, desde el barrio hasta Beverly Hills, desde Washington DC hasta el estado de Washington. En todo lugar y en cualquier lugar, necesitamos que se levanten los oráculos de rectitud y justicia. Un movimiento de rectitud y justicia de la agenda del Cordero requiere portavoces ungidos que se levanten en cada pueblo y en cada ciudad en nuestra nación y sean oídos.

Porque Dios unge a quien designa. Dios ungió a Moisés para liberar a los hebreos de Egipto. Él ungió a Josué para derribar los muros de Jericó. Él ungió a David para derrotar al gigante llamado Goliat. Él ungió a Elías para silenciar a los falsos profetas. Él ungió a Jesús para romper la atadura del pecado y darnos vida eterna.

Una vez más, el Espíritu de Dios está en la unción. A medida que viajo por nuestra nación y hablo delante de estudiantes en institutos y universidades, estoy convencido de que Dios está derramando una nueva unción sobre una generación.

Dios está ungiendo a una generación que liberará a nuestros hermanos y hermanas de la malnutrición y el hambre, al igual que de la pobreza física y espiritual. Él está ungiendo a una generación para derribar los muros de la injusticia racial y económica. Él está ungiendo a una generación para derrotar a los impíos gigantes del aborto, el tráfico de seres humanos y la violencia. Él está ungiendo a una generación que silenciará a los falsos profetas de la discordia, el temor, el terror y la desesperanza. Como aprendemos en Isaías 61.1, Dios está ungiendo a una generación para declarar:

> El Espíritu de Jehová el Señor está sobre mí, porque me ungió Jehová; me ha enviado a predicar buenas nuevas a los abatidos, a vendar a los quebrantados de corazón, a publicar libertad a los cautivos, y a los presos apertura de la cárcel.

UNIR EL MENSAJE CON LA MARCHA

Reconciliar a Graham con King permitirá a los seguidores de Cristo liderar la marcha proverbial por la rectitud y la justicia. Mientras que la mayoría de comunidades centradas en Cristo y basadas en la Biblia no participaron en el movimiento por los derechos civiles del siglo XX, la agenda del Cordero catapultará a esa misma comunidad hasta la primera línea del movimiento cristiano por los derechos civiles del siglo XXI, uno que protegerá la vida, preservará la familia y defenderá la libertad religiosa. El silencio, la apatía y la complacencia no prevalecerán; esta vez no.

Los seguidores de la agenda del Cordero nunca más deben quedarse en las bandas a medida que la injusticia

trastorna nuestra nación y nuestra iglesia. Nunca más podemos ocultarnos bajo el manto de la corrección política. Nunca más podemos ignorar la terrible situación de quienes sufren, de los perseguidos y los marginados. Nunca más podemos sufrir miopía vertical u horizontal. Nunca más podemos separar el mensaje de la marcha.

Hace unos meses recibí una llamada que me alertaba de que Planned Parenthood (Paternidad planificada) estaba construyendo el complejo abortivo más grande en el hemisferio occidental en un barrio de Houston poblado principalmente por hispanos y afroamericanos. En cuestión de catorce días, ayudamos para reunir a cerca de veinte mil manifestantes, blancos, negros, asiáticos y latinos, para demostrar oposición a una industria que deliberadamente se dirige a comunidades de color. En efecto, un bebé no nacido de raza negra tiene tres veces más probabilidad de morir en el vientre que un bebé de raza blanca. No es ningún accidente que tantos centros abortivos salpiquen los barrios pobres del centro. Son depredadores de los más vulnerables.

Cuando comenzamos a marchar hacia el complejo abortivo, obtuvimos inspiración del doctor King y comenzamos nuestra marcha por la vida y la justicia cantando un antiguo espiritual afroamericano:

Venceremos
Venceremos
Venceremos un día
En lo profundo de mi corazón creo
Que venceremos un día

Lo que Estados Unidos necesita es una generación comprometida a unir el mensaje evangelístico de Billy Graham con el activismo profético del doctor King. Una mujer que ha hecho precisamente eso es la sobrina del doctor King, Alveda King. «El aborto y el racismo son ambos síntomas de un error humano fundamental», dijo Alveda. «El error es pensar que cuando alguien se interpone en el camino de nuestros deseos, podemos justificar el eliminar a esa persona de nuestra vida. El aborto y el racismo surgen de la misma raíz venenosa: el egoísmo».[6]

Pastora y activista, Alveda ha llevado sin temor la misión de su tío a la industria del aborto de la nación. Digo «sin temor» no solo porque esta industria está dispuesta y es capaz de reaccionar. Digo «sin temor» porque al tomar esta cruzada, Alveda ha alienado a muchos en la comunidad negra que están más vinculados al asno que a la cruz. Incluso el seguidor más amoroso de la agenda del Cordero se hará enemigos.

El desafío es hacer convertidos de los enemigos. Para hacer eso, necesitamos una generación que reconcilie el mensaje con la marcha, el Camino con el Sueño, el llamado a la salvación con un llamado a la justicia, y el canto de redención con el canto de liberación. Reconciliar a King con Graham unirá lo urbano y lo suburbano, a negros y blancos, pacto y comunidad, rectitud y justicia. Cuando eso suceda, esta nueva generación de seguidores de Cristo cantará con orgullo el «Venceremos» y también «Hay lugar en la cruz para ti».[7]

Este renovado fervor demostrará al mundo que, en Estados Unidos, esperanza y fe aún se desarrollan en las vidas de los jóvenes que se llaman a sí mismos «seguidores de Cristo». Son quienes están dispuestos a acompañar a Billy Graham a la cruz y a sentarse con el doctor King a la mesa del Maestro. Porque ciertamente venceremos un día.

6.
Reconciliar Juan 3.16 con Mateo 25

No deberíamos estar hablando en este momento. Según los futurólogos que predijeron la muerte del cristianismo para el año 2000, ni siquiera deberíamos estar aquí.

En 1917, oficiales comunistas declararon en San Petersburgo, Rusia, que para el siglo XXI el mundo entero aceptaría el comunismo, y la fe cristiana dejaría de existir. En la década de 1930, el régimen nazi declaró que ellos sobrevivirían a los seguidores de Jesús. En la década de 1960, los músicos de rock, «Nosotros somos más populares que Jesús ahora», presumían de que al llegar el siguiente siglo ellos recibirían más alabanza y adulación que Padre, Hijo y Espíritu Santo juntos.

Ya estamos bien entrados en el siglo XXI. Lenin está enterrado; el Tercer Reich está muerto; The Beatles ya no existen, ¡pero la iglesia de Jesucristo sigue viva y bien! ¿Por qué seguimos creciendo, incluso en medio de la adversidad y la persecución? Dicho con sencillez, nos desarrollamos porque estamos centrados. Estamos centrados de manera que ningún otro movimiento puede estarlo. Tenemos a Cristo como el centro de nuestra iglesia.

Para que la agenda del Cordero avance, debemos asegurar la centralidad de Cristo, y debemos hacerlo deliberadamente y consistentemente. En aquel primer Viernes de Resurrección, la cruz de Cristo seguía erigiéndose en el Calvario, visible para todo aquel que iba y venía; inescapable, central. Jesús no estaba entonces y no puede estar ahora en la periferia. Jesús es siempre central.

Cualquier movimiento sin Cristo en el centro está destinado a aminorar, chisporrotear y finalmente fracasar. Cristo proporciona el camino, la verdad y la vida de todo ejercicio transformador imaginable. Incorporar a Cristo como parte de un movimiento, como un «componente», no basta. La agenda del Cordero requiere todas las acciones, todas las campañas, todas las iniciativas y todos los esfuerzos para surgir del mensaje de Cristo, crucificado y resucitado.

UN MOVIMIENTO CENTRADO EN CRISTO

¿Quién dicen ellos que soy yo? ¿Quién creen ustedes que soy yo? (Mateo 16.13–19)

> Viniendo Jesús a la región de Cesarea de Filipo, preguntó a sus discípulos, diciendo: ¿Quién dicen los hombres que es el Hijo del Hombre? Ellos dijeron: Unos, Juan el Bautista; otros, Elías; y otros, Jeremías, o alguno de los profetas. El les dijo: Y vosotros, ¿quién decís que soy yo? Respondiendo Simón Pedro, dijo: Tú eres el Cristo, el Hijo del Dios viviente. Entonces le respondió Jesús: Bienaventurado eres, Simón, hijo de Jonás, porque no te lo reveló carne ni sangre, sino mi Padre que está en los cielos. Y yo también te digo, que tú eres Pedro, y sobre esta roca edificaré mi iglesia; y las puertas del Hades no prevalecerán contra ella. Y a ti te daré las llaves del reino de los

cielos; y todo lo que atares en la tierra será atado en los cielos; y todo lo que desatares en la tierra será desatado en los cielos.

Este pasaje bíblico capta uno de los momentos más transformadores en la historia humana. Pedro reveló a Jesús. Jesús reveló la iglesia, activó el propósito y emancipó el reino. La revelación siempre conduce a la activación, y la activación siempre conduce a la emancipación. Necesitamos una revelación de Jesús para activar nuestro propósito al liderar un movimiento de rectitud y justicia. La agenda del Cordero no es otra que la agenda de Cristo.

La agenda del Cordero demanda una respuesta a la pregunta que Cristo nos planteó hace dos mil años: «¿Quién dicen los hombres que soy yo?». Jesús no estaba buscando afirmación de su marca; no estaba lanzando una organización multinivel; sin duda, no estaba inquieto por su reputación o el manejo de ella. En cambio, como sucede con frecuencia con las preguntas de Jesús, esta pregunta revelaba más sobre quien respondía que sobre quien la hacía. ¿Quién dicen ellos que soy yo?

Esa primera pregunta es seguida de inmediato por otra: ¿Quién dicen ustedes que soy yo? Quienes prestan atención, entonces o ahora, no pueden responder una pregunta sin responder la otra. De las dos, la segunda pregunta, ¿Quién dicen ustedes que soy yo?, es mucho más importante que la primera. El modo en que respondamos a la segunda pregunta determinará cómo responde el mundo a la primera. Porque si no sabemos quién es Jesús, ¿cómo lo sabrá alguna vez el resto de la humanidad? La iglesia debe saber quién es Cristo a fin de que el mundo sepa quién es Cristo.

Moratoria de identidad

Actualmente, Cristo sigue preguntando: «¿Quién dice el mundo que soy yo? ¿Quién dicen ustedes, la iglesia, que soy yo?». En general, el mundo parece dar a Cristo buenas críticas. Casi nadie habla mal de Él. Muchos tratan de reclamarlo, de apropiarse de Él, de hacerle uno de los suyos. Cristo es considerado como un revolucionario, un gran filósofo, un libertador, un líder en la tradición transformadora de Gandhi, Buda y Confucio. En el islam, Jesucristo es considerado un mensajero de Dios. Es mencionado más en el Corán (veinticinco veces) que Mahoma. Se requiere de los musulmanes que crean en Jesús.

Lo que los musulmanes no creen, lo que otros que utilizarían a Jesús para sus propios propósitos no creen, es que Jesús es Dios, el Salvador que fue enviado a redimir al mundo. Sin embargo, en múltiples ocasiones Jesús afirmó, de hecho, que Él es Dios. Él dijo en Juan 8.58: «De cierto, de cierto os digo: Antes que Abraham fuese, yo soy». O como Jesús dijo en Apocalipsis 22.13: «Yo soy el Alfa y la Omega, el principio y el fin, el primero y el último». Si Jesús no es Dios, entonces es un fraude, y no el noble hombre sabio que los no cristianos e incluso algunos cristianos tibios creen que es.

¿Por qué el mundo no llama a Cristo «el Mesías»? Para empezar, la iglesia comunica un mensaje mezclado con respecto a la identidad de Cristo. Sufre lo que algunos llamarían una «moratoria de identidad». En otras palabras, la iglesia y sus miembros se refrenan de escoger una identidad y en cambio van comparando entre las aparentes opciones.

Demasiadas personas en los púlpitos de nuestras iglesias han tomado una moratoria de identidad cristiana. Con palabras sencillas, la iglesia no está respondiendo como lo hizo Pedro. Él dijo: «Tú eres el Cristo, el Hijo del Dios viviente». Desgraciadamente, este no es el mensaje que sale de los púlpitos actualmente. La iglesia estadounidense popular y políticamente correcta está diciendo a Cristo: «Tú eres el que nos hace sentir bien. Tú eres quien nos hace ricos. Tú eres quien entiende mi dolor». La iglesia presenta a Cristo como el terapeuta, el banquero, el filósofo, el amigo, el hippie, el activista social, el que mira para otro lado, el que no pide ninguna responsabilidad, la figura espiritual.

Vemos los resultados de la crisis de identidad a nuestro alrededor. Nuestros ciudadanos, inclusive muchos que se identifican como cristianos, se preocupan más por elevar el techo de deuda que por afirmar nuestro fundamento moral. Se interesan más en ayudar a sus hijos a encontrar una buena universidad que en ayudarles a encontrar a Cristo. Se inquietan más por sus cuentas de ahorros que por su salvación.

¿Por qué el colectivo estadounidense está confuso en cuanto a Jesús? Dicho con sencillez, la iglesia, nuestra iglesia, no los ha corregido. El actual mal moral y cultural se deriva de un mensaje distorsionado de quién es Cristo. Sin embargo, no es demasiado tarde para corregir ese mensaje. Nunca lo es. Podemos vivir la agenda del Cordero todo lo bien que pudiéramos, pero para hacerlo debemos reintroducir a Jesús. No al Jesús del domingo en la mañana en la televisión que nos hace sentir bien, no al Jesús políticamente correcto, no al Jesús que ama a los hippies, no al sabio filósofo Jesús.

Cuando Jesús pregunta actualmente «¿Quién soy yo?», es momento de que se levante una iglesia de Pedro y grite: «¡Tú eres el Cristo, el Ungido!». Necesitamos no solo decir al mundo que Cristo es el Ungido. Necesitamos recordarles eso una y otra vez.

¿Ungido para hacer qué? Cristo es no solo ungido. Él es la *unción*. Él lleva buenas nuevas a los pobres, libertad a los cautivos, vista a los ciegos, palabras a los mudos, oído a los sordos. Cristo trae buenas nuevas, y Él es las buenas nuevas. La agenda del Cordero es sus buenas nuevas. Debemos recordar eso. Debemos encontrar lo positivo, incluso en lo negativo, y predicar eso. Por demasiado tiempo los medios seculares han tenido éxito en retratar a los seguidores de Cristo que creen en la Biblia como opositores. Según ellos, lo único que hacemos es oponernos, oprimir y objetar.

Sabemos que eso no es cierto, pero necesitamos convencer al mundo de que no lo es. Nuestro discurso debería estar lleno de optimismo, abundante en compasión, rebosante de esperanza. Volvamos a introducir a Jesús como el camino a la gloria. Hemos de distinguirle a Él de la confusión.

Solo Jesús es el Cristo, solo Jesús es el Mesías. Como aprendemos en Hechos 4.12: «Y en ningún otro hay salvación; porque no hay otro nombre bajo el cielo, dado a los hombres, en que podamos ser salvos». Jesús no es un revolucionario contracultural, y no es un hippie en una cruz. Él es el Mesías. Él es la luz del mundo. Él es el Verbo hecho carne. Él es el camino, la verdad y la vida. Él es el Mesías, conquistador, Hijo del Hombre e Hijo de Dios. Él es el Alfa y la Omega, Rey de reyes, Señor de señores.

Cuando se hizo la pregunta, Pedro no identificó a Cristo como el hijo de *un* dios o como un dios *moribundo*. No, Pedro declaró a Jesús «el Hijo del Dios viviente». ¿Por qué Pedro no dijo solo «el Hijo de Dios»? ¿Por qué tuvo que añadir un modificador extra? El Espíritu Santo dirigió su respuesta. Pedro dijo *viviente*. Eso es crítico.

El Espíritu Santo, actuando por medio de Pedro, quería que el mundo supiera que Cristo es el Hijo del Dios *viviente*. No era un Dios muerto, enterrado, una estatua de mármol como las que están en los museos, sino el Dios viviente.

Si Él es un Dios viviente, ¿qué tipo de iglesia deberíamos ser nosotros? ¿Qué tipo de cristianos deberíamos ser? ¿Qué tipo de familias deberíamos criar? ¿Qué tipo de lenguaje deberíamos hablar? ¿Qué tipo de pensamientos deberíamos tener? ¿Qué tipo de vida deberíamos vivir? Jesús mismo nos dice: «yo he venido para que tengan vida, y para que la tengan en abundancia» (Juan 10.10).

Estamos rodeados por una cultura de muerte y de moribundos: comunidades moribundas, economías moribundas, familias moribundas, fe moribunda, moral moribunda, sueños muertos. Todo parece estar muriendo a nuestro alrededor. Sin embargo, la agenda del Cordero provoca vida. Es momento de celebrar lo vivo. América, estamos aquí para volver a presentarte no solo a cualquier dios, sino al Dios *viviente*, un evangelio viviente en una iglesia viviente.

En el crítico pasaje anterior, Jesús miró a Pedro y dijo: «Bienaventurado eres, Simón, hijo de Jonás, porque no te lo reveló carne ni sangre, sino mi Padre que está en los cielos. Y yo también te digo, que tú eres Pedro, y sobre esta roca edificaré mi iglesia».

Mire, cuando revelamos quién es Dios en nuestra vida, Dios nos revela nuestra verdadera identidad. Normalmente, lo entendemos todo al contrario. Nos inclinamos a orar: «Si tú arreglas mi vida, si llenas mi vida, entonces te serviré». No, si le seguimos a Él, si clamamos a Él, si nos aferramos a Él, entonces Él revelará nuestro verdadero propósito. Nosotros debemos ir antes. Si le revelamos a Él, Él nos revelará a nosotros. Si le alabamos, Él nos adelantará. Si le levantamos, Él nos levantará a nosotros. Cuando revelamos al Cristo, Él revela el propósito de Cristo en nosotros.

Con la revelación de Jesús como Cristo y el Hijo del Dios viviente, Jesús dijo: «edificaré mi iglesia; y las puertas del Hades no prevalecerán contra ella». Las puertas del Hades (o infierno) no prevalecerán, no pueden hacerlo y no derrotarán, obstruirán, vencerán ni conquistarán a la iglesia de Jesucristo. Este movimiento contextualizado y dirigido por la iglesia solo tendrá éxito si Cristo es reintroducido en Estados Unidos como el Hijo del Dios viviente. Es momento de dejar de orar para que Dios descienda y comenzar a decir a la iglesia que se levante.

Todos necesitamos ser francos y expresivos sobre Cristo. Porque sin Cristo, es imposible reconciliar lo vertical con lo horizontal; pero con Cristo, todo es posible. Al trabajar mediante la agenda del Cordero aceptamos la realidad de que somos bautizados con Cristo en Romanos, crucificados con Cristo en Gálatas, sentados con Cristo en

Efesios, fortalecidos por Cristo en Filipenses, escondidos en Cristo en Colosenses, y reinando y gobernando con Cristo en Apocalipsis.

Porque a fin de cuentas, la agenda del Cordero propondrá a la nación una sencilla y gloriosa posibilidad: esperanza. No «esperanza» como eslogan de campaña, no «esperanza» como un término de interés retórico, sino Cristo la esperanza de gloria, esperanza encarnada por la comprensión de una verdad eterna.

UN MOVIMIENTO JUAN 3.16

El mariscal de campo de los New York Jets, Tim Tebow, con frecuencia graba citas de versículos de la Biblia en la barra antirreflejo que lleva en los partidos que se juegan en el día. Entre sus favoritos está Juan 3.16: «Porque de tal manera amó Dios al mundo, que ha dado a su Hijo unigénito, para que todo aquel que en él cree, no se pierda, mas tenga vida eterna». Hace una generación, un atleta que proclamase orgullosamente su amor por Cristo apenas atraía la atención. Eso no es tan cierto en la actualidad.

Como mencioné anteriormente, si el porcentaje de estadounidenses que asiste a la iglesia fielmente ha permanecido estable, el porcentaje que rechaza el cristianismo por completo ha aumentado de modo dramático. Muchos de ellos son expresivos y están bien situados en los medios. En la actualidad, proclamar su fe abiertamente es abrirse a usted mismo al ridículo. Después de que Buffalo venciese a Denver, con Tebow como mariscal de campo, en diciembre de 2011, el cómico Bill Maher escribió en su Twitter lo siguiente a sus cientos de miles de seguidores: «Vaya, ¡Jesús ???? a Tim #Tebow! ¡Y en Nochebuena! En algún lugar en el infierno Satanás está Tebowando, diciendo a Hitler: "Oye, Buffalo los está machacando"».[1] Con «tebowando» quería decir estar arrodillado en oración. Maher dijo eso, desde luego, sin ninguna pérdida de reputación o de ingresos.

Después de que Denver hubiera ganado su sexto partido consecutivo con Tebow en el timón, el programa *Saturday Night Live* escogió conmemorar la vena ganadora con un sketch satírico. Después de agradecer a sus compañeros de equipo, el personaje de Tebow en el sketch decía, como Tebow mismo podría haber dicho: «Tengo que agradecer a la persona más importante en mi vida, a mi Señor y Salvador Jesucristo, porque no podría hacer esto sin Él. ¡Gracias, Jesús!».

Sin embargo, en el sketch, un personaje de Jesús aparecía en el vestuario. Al malentender por qué Tebow o cualquiera ora antes de un partido, los guionistas de SNL supusieron que debía de ser para ganar, y por eso el personaje de Jesús hacía un desaire de eso. Sin embargo, la verdadera daga estaba reservada para la abierta muestra de Tebow de su amor por Cristo. Jesús considera desagradable esa muestra. «Muy bien, tan solo bájale un poco, ¿lo harás, compañero?», se burlaba el personaje de Jesús de Tebow antes de irse. «Bien, no es un mandamiento, solo una petición».[2]

Los medios de comunicación son más tolerantes con esos cristianos, y ciertos políticos vienen a mi mente, que no se toman su fe en serio. Aquellos que lo hacen, ya sean deportistas, políticos o estrellas del cine, se abren a sí mismos al ridículo o a algo peor. Sin embargo, Tebow permanece impávido. Como le dijo a una congregación en Texas en Semana Santa de 2012: «Mi oración más grande es que eso vuelva a ser bueno otra vez, que un muchacho de secundaria se arrodille y ore, y que no sea algo único y diferente, y que esté bien ser expresivo acerca de la fe que uno tiene».[3]

Quienes siguen a la familia Tebow saben que la fe de Tim no es solo vertical, y ciertamente no solo para presumir. Él nació en Filipinas, en Mindanao para ser preciso, donde su padre, Bob, hacía trabajo misionero. La mamá de Tim, Pam, contrajo disentería amébica durante el embarazo, y las medicinas que tomó amenazaron a su bebé aún no nacido. Los médicos le aconsejaron que abortase, pero los Tebow rechazaron ese consejo. Años después, Tim y Pam pasarían a realizar un anuncio muy sutil a favor de la vida que se emitió durante la Super Bowl de 2010.

No es sorprendente que el anuncio «controvertido» provocase la frenética ira de la multitud por el derecho al aborto antes ni siquiera de verlo. «Un anuncio que usa el deporte para dividir en lugar de unir no tiene lugar en el evento deportivo nacional más grande del año, un evento pensado para unir a los estadounidenses», dijo el presidente de Women's Media Center, un tema del que muchos otros se hicieron eco.[4] Esta organización conspiró con otros poderosos grupos de presión para que la CBS prohibiera el anuncio.

La CBS no cedió. Sus ejecutivos habían visto el guión, y sabían lo incensurable que era:

> **PAM TEBOW**: Yo le llamo mi bebé milagro. Casi no consigue llegar a este mundo. Recuerdo muchas veces en que casi le perdí. Fue muy difícil. Bueno, ahora es adulto, y yo sigo preocupándome por su salud. Todo el mundo le trata como si fuera distinto, pero para mí, es sencillamente mi bebé. Él es mi Timmy, y le amo.
>
> **TIM TEBOW**: Gracias, mamá. Yo también te amo.[5]

Al protestar con tanto vigor, los defensores del derecho al aborto inconscientemente aseguraron que otros millones de personas vieran el anuncio y hablasen de él, más que si solo lo hubieran ignorado. Dios obra de maneras extrañas y misteriosas.

A los quince años, Tebow finalmente fue lo bastante mayor para hacer su primer viaje misionero a Filipinas, y estaba emocionado por la oportunidad. Él recordaba: «Así es como nos criaron, con gozo por llegar a hablar a las personas sobre Jesús». A esa edad, también entendía «lo importante que es ayudar a quienes son menos afortunados».[6]

El proyecto en particular que atrajo a Tim y a su familia a Filipinas fue un orfanato, al que Bob Tebow dio comienzo y al que llamaron

«Hogar del tío Dick», por el nombre del familiar y benefactor, el difunto Dick Fowler. El plan establecido por la Asociación Evangelística Bob Tebow encaja cómodamente en el nexo de la cruz. «El rápido crecimiento del materialismo amenaza la futura respuesta al evangelio», dice el Plan. «Si no actuamos ahora, mientras el Espíritu se está moviendo, esta gran cosecha de almas podría perderse para siempre».[7]

Los Tebow unen lo vertical y lo horizontal, evangelismo y compasión. Uno tiene el sentimiento de que el verdadero futuro de la iglesia en Estados Unidos y en todo el mundo yace precisamente en eso.

EL PODER DE LA COMPASIÓN

En agosto de 1969, Hal Donaldson, de doce años de edad, aprendió lo rápidamente que la seguridad de uno puede desvanecerse cuando el auto que sus padres conducían chocó de frente con otro que conducía un hombre borracho. El padre de Hal murió, y su madre quedó inmóvil, incapacitada para trabajar o incluso para cocinar para sus cuatro hijos.

Hal y sus tres hermanos menores aprendieron una rápida lección sobre privación y compasión. Personas de iglesias locales se implicaron para ayudarles con comida y con techo hasta que su madre pudiera recuperarse. También se hicieron amigos de los niños y los trataron como a hijos propios. Esa fue una lección en torno a la cual Hal construyó su vida. «Dios fue fiel», dijo Donaldson de las consecuencias de la tragedia. «Él nos unió como familia».

Donaldson atribuye la perseverancia de la familia a su mamá, «una madre que oraba». «Ella no nos permitió que nos volviéramos amargados», destacaba Donaldson. Ella también insistía en que, con la ayuda de Dios, ellos podían determinar su propio futuro. Cada uno de ellos hizo eso exitosamente.

Después de estudiar periodismo y después la Biblia, Donaldson estaba trabajando en Northern California donde se crió ayudando a pequeñas iglesias mediante una organización llamada «Church Care America». Él recordaba conducir por una autopista en California cuando Dios le dijo: «Ayuda a esas iglesias a llegar a los pobres y a quienes sufren».

Poco después, hizo un viaje a Calcuta para un proyecto de escritura, y allí llegó a conocer a la madre Teresa. Cuando ella le preguntó qué estaba haciendo para ayudar a los pobres y a los que sufren, él aún no tenía una buena respuesta. Decidió que era momento de encontrar una, y pensó: *tengo que hacer algo.*

Donaldson comenzó con una sola camioneta y una carga de alimentos. Los llevó a un campamento cercano para obreros inmigrantes, y compartió con ellos un mensaje muy sencillo: «Jesús te ama. Yo te amo. Hay una iglesia que también te ama».

«El Convoy de Esperanza comenzó con una sola camioneta», decía Donaldson con una sonrisa, «pero Dios vio una flota de camiones». Al principio, el Convoy era estrictamente local. Donaldson y sus asociados organizaron eventos de alcance para la ciudad que presentaban entrega de alimentos, ferias de empleo y presentaciones del evangelio.[8]

Aunque el Convoy de Esperanza sigue realizando programas de alcance en Estados Unidos, normalmente unos cincuenta al año, Donaldson enseguida entendió que la mayor necesidad está más allá de nuestras fronteras. Actualmente, menos de veinte años después de que Donaldson fundase la organización, el Convoy de Esperanza alimenta a más de cien mil niños en siete países. Sus trabajadores también proporcionan agua potable y segura en esas comunidades, enseñan técnicas agrícolas mejoradas, y ayudan a proporcionar ambientes saludables donde vivir y educación.

Donaldson sintió que organizaciones dirigidas por gobiernos o por las Naciones Unidas no podían ser tan eficaces como una motivada por el amor de Dios. La misión misma de Convoy de Esperanza minimiza los desechos y elimina la corrupción. Año tras año, la organización obtiene elevadas marcas por sus bajos gastos generales, elevada movilización eficaz de cientos de miles de voluntarios para campañas comunitarias, y trabajo de respuesta al desastre.

Con la ayuda de Dios, la organización ahora tiene un centro de distribución con base en Estados Unidos de 300,000 pies cuadrados, seis centros internacionales de distribución, una flota de camiones en múltiples países, más de 23,000 iglesias y organizaciones implicadas, más de 1.200 equipos de voluntarios, casi 300 millones de dólares de donaciones en especies hasta la fecha, y más de 350,000 voluntarios movilizados. En general, Convoy de Esperanza ha ayudado a más de 33 millones de personas.

Mediante todo esto, Hal Donaldson ha mantenido el equilibrio entre el plano horizontal del alcance comunitario y el plano vertical de permanecer arraigado en Cristo. «Nuestra búsqueda en la vida es emular a Jesús», decía Donaldson. Le gusta citar el encuentro entre Jesús y el hombre ciego en el capítulo 9 de Juan, que tiene algunas lecciones interesantes.

Cuando los discípulos preguntaron a Jesús quién había pecado para que ese hombre hubiera nacido ciego, si el hombre mismo o sus padres, Jesús respondió: «No es que pecó éste, ni sus padres, sino para que las obras de Dios se manifiesten en él». En otras palabras, quienes sufren puede que no hayan hecho nada para merecer su sufrimiento; y su sufrimiento tampoco es sin sentido. En este caso, el hombre nació ciego «para que las obras de Dios se manifiesten en él».

Cuando los fariseos se enteraron de la cura, algunos entre ellos se quejaron acerca de Jesús: «Ese hombre no procede de Dios, porque no guarda el día de reposo». Cuando el ciego insistió en que Jesús era un hombre piadoso, los fariseos dijeron: «Tú naciste del todo en pecado, ¿y nos enseñas a nosotros?». Entonces le expulsaron de la sinagoga. Desde un principio Donaldson rechazó este tipo de religiosidad formal manifiesta, pues permitía que la tradición triunfase sobre la compasión cuando las dos parecían estar en conflicto.

Sin embargo, lo que Donaldson más aprecia de esta historia, es que Jesús no se quedó contento con curar los males físicos del ciego. Más adelante le buscó. Jesús le dijo: «¿Crees tú en el Hijo de Dios?». El hombre dijo: «Creo, Señor», y procedió a adorar a Jesús. Existe un vínculo necesario, argumenta Donaldson, entre compasión y evangelismo. Cada uno pierde valor sin el otro. Otro versículo que ayuda a esclarecer su misión es Mateo 5.16: «Así alumbre vuestra luz delante de los hombres, para que vean vuestras buenas obras, y glorifiquen a vuestro Padre que está en los cielos».

El Convoy de Esperanza aborda tanto las raíces espirituales como las consecuencias sociales del sufrimiento humano. Ha tenido éxito porque sigue el modelo revolucionario de Jesús. Jesús abrazó a los desplazados, perdonó a los atormentados por la culpabilidad, liberó a los oprimidos por espíritus malos, y alimentó a los hambrientos. Su vida fue la cruz en acción, ambos planos de ella, el vertical y el horizontal.

Cuando ayudamos a los pobres y a los oprimidos, Dios nos bendice a nosotros y a quienes ayudamos. Hablando del rey Josías, Dios declara en Jeremías 22.16: «El juzgó la causa del afligido y del menesteroso, y entonces estuvo bien. ¿No es esto conocerme a mí?».

Sí, Señor, así es.

Un movimiento Mateo 25

Hay mucho que aprender de Mateo 25:

> Entonces el Rey dirá a los de su derecha: Venid, benditos de mi Padre, heredad el reino preparado para vosotros desde la

> fundación del mundo. Porque tuve hambre, y me disteis de comer; tuve sed, y me disteis de beber; fui forastero, y me recogisteis; estuve desnudo, y me cubristeis; enfermo, y me visitasteis; en la cárcel, y vinisteis a mí. Entonces los justos le responderán diciendo: Señor, ¿cuándo te vimos hambriento, y te sustentamos, o sediento, y te dimos de beber? ¿Y cuándo te vimos forastero, y te recogimos, o desnudo, y te cubrimos? ¿O cuándo te vimos enfermo, o en la cárcel, y vinimos a ti? Y respondiendo el Rey, les dirá: De cierto os digo que en cuanto lo hicisteis a uno de estos mis hermanos más pequeños, a mí lo hicisteis. (versículos 34–40)

Estamos ungidos ¿para hacer qué? ¿Estamos ungidos para construir grandes catedrales? ¿Estamos ungidos para construir plataformas ministeriales multimillonarias? ¿Estamos ungidos para reunir a miles en torno a nosotros para hacerles sentir bien consigo mismos y darles algún lugar donde ir las mañanas de los domingos antes del almuerzo?

No lo creo. Estamos ungidos para llevar buenas nuevas a los pobres, libertad a los cautivos, y sanidad a los quebrantados de corazón. En Mateo 25, Cristo nos advierte que alimentemos a los hambrientos y vistamos a los necesitados.

Sin embargo, desgraciadamente, en la actualidad la cristiandad estadounidense mide el éxito con demasiada frecuencia mediante la métrica de bancos llenos, libros vendidos y dinero reunido en lugar de hacerlo mediante el número de almas transformadas. Para recalcular nuestra métrica, necesitamos hacernos la pregunta: ¿cómo mide Dios el éxito? La respuesta es sencilla y puede encontrarse en Mateo 25.

La agenda del Cordero reconcilia Juan 3.16 con Mateo 25. Cualquier iglesia o cristiano que ignore la terrible situación de su prójimo vive un evangelio incompleto. La agenda del Cordero es pacto y comunidad, santificación y servicio, ortodoxia y ortopraxia. Nuestra salvación vertical debe conducir a la transformación horizontal.

Igualmente, las buenas nuevas no solo deben ser predicadas sino también vividas. ¿Cómo vivimos la agenda del Cordero? Leemos Mateo y le prestamos atención. Leemos Juan 3.16 y lo reconocemos. Reconocemos que la visión para cualquier campaña viable en el siglo XXI une pacto y comunidad. Nuestro pacto vertical nos impulsa a ser luz y sal en nuestra comunidad.

No podemos fácilmente justificar un ministerio cristiano que se reúne el domingo en la mañana e ignora a su comunidad de lunes a sábado. Tampoco podemos fácilmente justificar un ministerio que trata el domingo como cualquier otro día para hacer bien en la comunidad. Derivamos nuestra influencia en esa comunidad no de nuestra capacidad para planear eventos y organizar a oradores, no de nuestro deseo de distribuir alimentos y arreglar casas. Derivamos nuestra influencia de nuestra fuente de iluminación y nuestra disposición a compartir esa luz con quienes nos rodean.

El bien que hacemos en la comunidad debe fluir de un poder por encima de nosotros. Los gobiernos pueden distribuir más alimentos que nosotros, las celebridades pueden atraer a más personas, pero solamente nosotros podemos compartir la luz de Dios en cada buena obra que hacemos. Permanecemos comprometidos a un mensaje del evangelio radical que une santificación con servicio, que defiende la verdad bíblica a la vez que pone la verdad a trabajar para la comunidad.

7.

UN MOVIMIENTO DE CULTURA DEL REINO

ESTE PRÓXIMO Y GRAN MOVIMIENTO DE RECTITUD Y JUSTICIA vertical y horizontal no será un movimiento de blancos, negros o mulatos, sino más bien una cultura del reino, un movimiento multiétnico.

Notemos que no dije multicultural sino multiétnico. La «cultura» que todos compartimos, o podemos compartir, es la cultura del reino de Dios. Podemos compartirla seamos blancos, negros o mulatos, o seamos estadounidenses, egipcios o griegos.

Creo que la mayor afirmación de nuestra diversidad se deriva del enriquecimiento sostenible de esa cultura del reino. Sin ese compartir mayor, la diversidad puede fácilmente conducir a la desintegración como vimos en la disolución de países como Yugoslavia y la Unión Soviética, o incluso como vemos en las guerras entre pandillas y las revueltas raciales de nuestras propias ciudades.

Mirar el mundo mediante los lentes de una cultura del reino nos permitirá verlo mucho más rico de lo que lo vemos ahora. Cuando me despierto en la mañana, lo que primero veo no es que yo sea hispano, negro, blanco o asiático; republicano o demócrata, conservador o liberal; carismático o automático; sino más bien que soy, primeramente y sobre todo, un hijo del Dios viviente. No veo rivales; no veo enemigos. Veo hermanos y hermanas. Idealmente, ellos me verán tal como yo los veo a ellos.

IDENTIDAD VERTICAL QUE CAPACITA LA REALIDAD HORIZONTAL

Al mirar mediante los lentes de la cultura del reino, yo veo el mundo que me rodea como una plataforma de oportunidad, una plataforma en la cual están misericordia, compasión, renovación y esperanza; una plataforma sobre la cual la verdad se convierte en nuestro alias, la caridad en nuestro faro, y la justicia en nuestra aspiración.

Pentecostés se erige como la marca por excelencia de ese movimiento transcultural, multilingüe y espiritual. Hasta ese momento, personas de toda cultura veían a quienes estaban fuera de su cultura como ajenos. Cuando los judíos miraban más allá de sus fronteras, veían a los odiados samaritanos, los malditos cananeos y los odiados filisteos. Cuando los atenienses miraban más allá de las suyas, veían bárbaros, una palabra derivada de la palabra griega para ajeno: *barbaros.* Cuando los romanos miraban más allá de sus fronteras, veían nuevas tribus a ser conquistadas y explotadas. Después de Pentecostés, cuando los seguidores de Cristo miraban más allá de sus fronteras veían nuevos hermanos y hermanas en Cristo. Eso fue revolucionario.

Sin duda, el llamado de Cristo a ver a los ajenos como amigos está en guerra con algunos de los instintos más oscuros de la naturaleza humana. Aquellos que se denominan a sí mismos «cristianos» han hecho algunas graves injusticias a sus congéneres humanos a lo largo del tiempo, pero nunca lo han hecho a instancias de Cristo. En ningún lugar en los Evangelios hay un llamado a excluir, a aislar, a odiar, a luchar. Sin duda, precisamente lo contrario es cierto. Como

Pablo le dijo a Timoteo: «Que por esto mismo trabajamos y sufrimos oprobios, porque esperamos en el Dios viviente, que es el Salvador de todos los hombres, mayormente de los que creen» (1 Timoteo 4.10).

Justamente antes de ascender al cielo, como vemos en Hechos 1.8, Jesús les dijo a sus discípulos: «pero recibiréis poder, cuando haya venido sobre vosotros el Espíritu Santo, y me seréis testigos en Jerusalén, en toda Judea, en Samaria, y hasta lo último de la tierra». El Espíritu Santo sí descendió sobre los discípulos de Cristo; y las naciones, las tribus, las culturas del mundo oyeron las buenas nuevas del evangelio, «hasta lo último de la tierra». A nadie había que negarle las buenas nuevas. Eso incluía a los samaritanos, los pecadores, los apartados, los que sufren.

Actualmente, más que nunca, necesitamos una revolución de la cultura del reino en la iglesia para revivir el espíritu de Pentecostés y para recordarnos su significado. Necesitamos un derramamiento celestial, un momento *kairos*, el cual nos permitirá hablar el lenguaje de las comunidades que nos rodean, no en el espíritu de corrección política, sino más bien en el espíritu de corrección bíblica. Necesitamos un movimiento multiétnico que exalte la cultura del reino por encima de todas las demás y nos una en rectitud y justicia.

Necesitamos derribar los muros étnicos. Necesitamos dejar de buscar desprecios y permitir la autocompasión. Necesitamos aceptar a aquellos que pensamos que nos temen al igual que ellos necesitan aceptarnos a nosotros. Necesitamos eliminar esas barreras y sustituirlas por puentes auténticos capacitados por el Espíritu. Necesitamos un nuevo Pentecostés en Estados Unidos.

El factor his-pánico

Con frecuencia me preguntan: «¿Qué es un cristiano latino? ¿Qué cree usted? ¿Cómo describiría a su comunidad?». La respuesta es el resumen de una sencilla receta. Un evangélico latino es lo que obtiene cuando toma a Billy Graham y el doctor Martin Luther King Jr., los mete en una batidora y los recubre de salsa.

Este movimiento transversal tiene un definitivo sabor hispano. Sin duda, la fuerza que tiene el mayor potencial de transformar el discurso del evangelicalismo estadounidense del siglo XXI tiene color mulato. Como oímos una y otra vez, nuestra nación actualmente atraviesa un cambio potencialmente transformador en su demografía. A mitad del siglo, por primera vez la población de Estados Unidos será, en lo que respecta a su composición étnica, menos de la mitad «blanca».

Aunque con frecuencia se les cataloga como «mulatos», los hispanos no son una raza sino más bien un grupo etnocultural de varias razas que se fusionan en torno a un idioma común y valores compartidos. Según el censo de 2010, la población hispana, en el 16,39 % de la población de Estados Unidos, es el mayor grupo minoritario del país. Con más de cincuenta millones de miembros ahora, esta comunidad tiene una futura capacidad de crecimiento con la que ningún otro grupo étnico rivaliza. Aproximadamente setenta y cinco por ciento de los hispanos tienen menos de cuarenta años de edad, y treinta y cuatro por ciento tiene dieciocho años de edad o menos. Para el año 2020, la población latina probablemente sobrepasará los 100 millones, o el veinticinco por ciento de la población del país. El futuro del cristianismo estadounidense, el evangelicalismo, y la siguiente gran cosecha radican en la comunidad hispana e inmigrante, y en si llegamos a ella con compasión o no.

Contrariamente a Europa, cuyo grueso de inmigrantes proviene de una cultura no cristiana que con frecuencia es hostil a la cultura que los acoge, Estados Unidos tiene la bendición de tener amables culturas cristianas al sur de sus fronteras. Un estudio de Pew Research en 2007 concluía que diecinueve por ciento de los latinos se identifican a sí mismos como protestantes, principalmente evangélicos, mientras que sesenta y ocho por ciento se identifican a sí mismos como católicos, y cincuenta y cuatro por ciento de ellos como católicos carismáticos. En esencia, cerca del noventa por ciento de todos los estadounidenses hispanos creen que Jesús murió en la cruz, resucitó de la muerte, y es la eterna esperanza de gloria para toda la humanidad. Este es un porcentaje mayor que para la población no hispana.[1]

Somos parte de una iglesia multiétnica, que rápidamente se está volviendo multilingüe y comprometida a una presentación del evangelio de la cultura del reino. Los evangélicos hispanos, en esencia, representan las Naciones Unidas de la cristiandad. De ahí que debamos engranar a latinos y a otros a fin de que la iglesia estadounidense refleje verdaderamente la iglesia de Jesucristo. Estamos listos para cambiar la experiencia cristiana ampliando la agenda evangélica, incorporando una misiología transformadora, reavivando un movimiento sociopolítico profético, y sirviendo globalmente como embajadores de unos valores de la cultura del reino que reconcilian rectitud con justicia.

A cuántos hispanos se permite llegar a Estados Unidos y quedarse es el tema de un continuo debate político público en Washington y en todas partes. El debate ha quitado las ropas mortuorias de todo un segmento de nuestra población, y también proporciona una oportunidad sin precedente para el alcance y el evangelismo. El reto es que agentes distintos a los cristianos también ven una oportunidad. Partidos políticos están esforzándose mucho por reclutar. Comerciantes están vendiendo mucho. Wall Street está explotando con fuerza. Los multiculturalistas están dividiendo con fuerza. Los separatistas están radicalizando mucho. Hollywood se está corrompiendo mucho. Los cristianos están evangelizando, pero no con tanta fuerza como deberían.

No todas las señales son prometedoras. El crecimiento de la comunidad hispana en Estados Unidos se ve comprometido por el hecho de que aproximadamente el cincuenta y tres por ciento de bebés hispanos nacen fuera del matrimonio. Este porcentaje sigue aumentando a medida que nuevos inmigrantes ceden a la supuesta revolución sexual y a la seducción de la cultura del bienestar. Esto hace que sea más imperativo el trabajo de la iglesia de la cultura del reino. Es la única fuerza que puede competir con las corrupciones materiales que todos los estadounidenses afrontan.

Si tiene éxito, el cuerpo de Cristo está preparado para obtener una cosecha de hispanos, pero no sucederá por sí solo. Tenemos que trascender a la perspectiva histórica de que la población hispana responde exclusivamente a ministerios e iglesias en California, Texas, Florida, Nueva York y el sudeste. Actualmente, los hispanos participan en comunidades desde Dakota del Norte a Carolina del Norte; desde Portland, Maine, hasta Portland, Oregón; desde orilla a orilla del océano. También necesitaremos una expresión clara y práctica de una cosmovisión bíblica, que esté basada en el mensaje de la cruz.

Dada la inevitabilidad del cambio, cualquier iglesia o ministerio comprometido a una viable matriz de crecimiento en el siglo XXI debe incluir una estrategia de alcance hispano. Para seguir siendo relevantes en el ministerio actualmente, para llevar a cabo la agenda del Cordero, los líderes evangélicos deben alcanzar a los latinos. Para que la iglesia estadounidense siga siendo viable, debe equipar, formar, colaborar y hacer participar a creyentes hispanos estadounidenses.

Lo más importante, estoy convencido de que el papel profético de la comunidad hispana queda definido en la construcción misma del término hispánico. Primero, comienza con *his*; después continúa con *pánico.* His-pánico, HISPÁNICO. Amigos, no estamos aquí para enseñar a Estados Unidos la Macarena, salsa o el cha-cha-chá. No estamos aquí para aumentar las carteras de dividendos de quienes han diversificado al invertir en Taco Bell. No estamos aquí para hacer que nadie pulse «1» para inglés o «2» para español. Estamos aquí para llevar pánico al reino de las tinieblas en el nombre de Jesucristo.

Cuando los libros de Historia escriban sobre Estados Unidos en el siglo XXI, escribirán sobre un nuevo Despertar, un Tercer Gran Despertar, un avivamiento moderno. Pero esta vez los nombres no estarán limitados a Edwards, Wesley o Whitefield. Esta vez los nombres incluirán García, Rivera, Miranda, Morales y Sánchez. Esta comunidad está emergiendo rápidamente como la demografía étnica de fe más a favor de la vida, de la familia y de la justicia bíblica en nuestra nación. Los hispanos mantienen un compromiso con una cosmovisión cristiana que conlleva implicaciones sociopolíticas. Por eso Ronald Reagan afirmó el hilo tradicionalista que está incrustado en la comunidad y la misión «bajo Dios» que es fundamental para la tradición hispana. En la conclusión de su charla que celebraba la Semana de la Herencia Hispánica en 1982, Reagan dijo:

> En la raíz de todo lo que estamos intentando lograr está la creencia en que América tiene una misión. Somos una nación de libertad, que vive bajo Dios, creyendo que todos los ciudadanos deben tener la oportunidad de crecer, crear riqueza y construir una vida mejor para los que lleguen después. Si vivimos a la altura de esos valores morales, podemos mantener vivo el sueño americano para nuestros hijos y nuestros nietos, y América seguirá siendo la mejor esperanza de la humanidad. Con su ayuda, sé que podemos hacerlo y lo haremos. *Muchas gracias. Que Dios los bendiga.*

Que Dios lo bendiga también a usted, presidente Reagan.

Inmigrantes y los indocumentados

A pesar del cambio demográfico, existe cierta inquietud dentro del ministerio cristiano con respecto al alcance a los inmigrantes. Algunos preguntan: «¿Cómo se alcanza a una comunidad que incluye a individuos indocumentados? ¿Existen consecuencias u obligaciones legales cuando prestamos servicios a esos individuos?».

En primer lugar, la iglesia tiene un imperativo bíblico de alcanzar a todas las naciones. Cristo mismo nos indicó que hiciéramos discípulos de todos los pueblos a la vez que nos recordaba simultáneamente que solo podemos medir la ejecución viable de su Palabra en el modo en que tratamos a los más necesitados: «De cierto os digo que en cuanto lo hicisteis a uno de estos mis hermanos más pequeños, a mí lo hicisteis» (Mateo 25.40).

Podemos remontar los mandatos bíblicos de participar en el alcance evangelístico y compasivo hasta Levítico 19.33–34: «Cuando el extranjero morare con vosotros en vuestra tierra, no le oprimiréis. Como a un natural de vosotros tendréis al extranjero que more entre vosotros, y lo amarás como a ti mismo; porque extranjeros fuisteis en la tierra de Egipto. Yo Jehová vuestro Dios».

Carlos Campo, presidente de la Universidad Regent, consideraba esta preocupación mediante los lentes del profeta Isaías: «Los indocumentados seguramente son los vagabundos pobres de nuestro tiempo. Los pastores tienen una obligación moral de responder a ellos como lo harían con cualquier otro hermano o hermana que tuviera necesidad».[2] Albert Reyes, presidente de Buckner Services, cree que pastores e iglesias que alcanzan a los inmigrantes en esencia llevan a cabo el mismo alcance redentor que mostró el buen samaritano.[3]

Los inmigrantes indocumentados puede que representen al segmento más alienado y rechazado de nuestra sociedad; los más pequeños de la actualidad. Aunque es un tema divisivo, los estadounidenses que creen en la Biblia tienen una responsabilidad moral y bíblica de llevar a Jesús a los indocumentados. Evangélicos y cristianos comprometidos a difundir el evangelio deben incorporar el testimonio profético que sana comunidades, da entrada a la paz y exalta la rectitud y la justicia.

A medida que participamos en ministerios de compasión, no debemos permitir que los asuntos que se sitúan bajo el ámbito del gobierno federal nos distraigan. El pastor Daniel de León de Santa Ana, California, captó el espíritu del alcance cuando declaró: «Cuando estoy de pie en la iglesia para recibir a las personas, no les pregunto cuál es su estado legal, porque estamos interesados en el corazón y no en la tarjeta. Además, nosotros no somos oficiales del gobierno; somos siervos del Señor».[4]

Hacia ese fin, la métrica del reclamo del testimonio cristiano radica dentro de la rúbrica de hacer justicia, amar misericordia y caminar humildemente delante de Dios. Nuestra misión es cumplir la Gran Comisión, equipar a los santos, hacer discípulos y adorar a Dios en espíritu y en verdad. Dejemos que «el tío Sam» haga cumplir las leyes de inmigración mientras nosotros abrazamos una iglesia que alcanza a los perdidos para Cristo.

Manejo del riesgo y responsabilidades

Aquí está una pregunta que escucho con frecuencia. Si una iglesia ejercita el mandato bíblico de llegar a todos los pueblos con compasión, incluyendo a los inmigrantes, ¿puede sufrir consecuencias legales si los individuos a quienes se ministra son indocumentados?

El Departamento de Justicia, la oficina del fiscal general, representantes del Congreso, oficiales de la Casa Blanca, adjudicatarios seculares y autoridades eclesiales todos ellos están de acuerdo en un hecho irrefutable: el ministerio bíblico y el alcance a los inmigrantes, independientemente de cuál sea su estado legal, no conllevan ninguna responsabilidad legal. El abogado principal de National Hispanic Christian Leadership Conference (Conferencia Nacional de Líderes Hispanos Cristianos), Everardo Zavala, explicaba:

> Con la excepción de contratar deliberadamente a individuos indocumentados o transportarlos cruzando fronteras estatales,

> lo cual constituye una violación de la ley, el clero está uniformemente protegido por los estatutos federales y estatales en todo Estados Unidos.[5]

Hay varios principios que las iglesias deberían honrar si quieren llegar a los inmigrantes exitosamente. La Asociación Evangélica Hispana y la Asociación de Megaiglesias Hispanas han creado un epígrafe de alcance compasivo a inmigrantes. En él se incluye lo que todas las iglesias, especialmente iglesias rurales y de pequeño tamaño, necesitan hacer para llegar a la comunidad inmigrante. El epígrafe incluye participación en liderazgo, programas simbióticos orientados al idioma, la estética y técnicas para construir comunidad.

Para comenzar, los ministerios de compasión deben buscar construir confianza con la comunidad inmigrante eliminando la pesada documentación que puede aislar precisamente a la comunidad a la que quieren servir. Ya que la ley protege el alcance legítimo, los oficiales de la iglesia necesitan minimizar las prácticas burocráticas que aíslan en lugar de hacer participar. Por ejemplo, aunque algunos ministerios de distribución de alimentos requieren registrarse, no debieran requerir necesariamente prueba de ciudadanía como parte de ese registro. Los ministerios compasivos más eficaces y orientados a inmigrantes requieren una mínima muestra de información privada. La mayoría requiere poca o ninguna.

Cuando la iglesia estadounidense entienda que tiene la autoridad espiritual y legal para ayudar a los inmigrantes, puede emerger como la única institución confiable en la comunidad. Algunos inmigrantes están comprensiblemente ansiosos en cuanto a su trato con agencias locales, estatales y federales que ayudan con alimentos y servicios en necesidades concretas. Muchos inmigrantes consideran a la iglesia el único santuario para necesidades tanto espirituales como físicas. «Si los inmigrantes no pueden confiar en la iglesia, ¿en quién pueden confiar?», pregunta Mauricio Elizondo, un plantador de iglesias que trabaja con las Asambleas de Dios Hispanas. Sigue diciendo:

> Muchas familias de inmigrantes hispanos con bajos ingresos evitan a las agencias del gobierno porque tienen miedo a la deportación. Trabajan muchas horas en los campos y aun así no tienen suficiente para alimentar a sus familias o proporcionarles las necesidades básicas. Nosotros somos testigos del hecho de que la pobreza, el hambre y la desesperación han aumentado de modo exponencial en los últimos años dentro de la comunidad inmigrante. Con esa realidad encontramos un aumento simultáneo y desafortunado en muchos males sociales tales como adicción, violencia doméstica, embarazos entre adolescentes y la proliferación de actividad de pandillas. La única esperanza es la iglesia de Jesucristo.[6]

Gilbert Vélez entiende de primera mano la dinámica del ministerio de compasión. Vélez es pastor principal de la iglesia de 2.500 miembros Mercy Church, una congregación de las Asambleas de Dios en Laredo, Texas. Vélez también supervisa la Asociación de Megaiglesias Hispanas. «Los ministerios de compasión deben comenzar no solo con servicios, bienes y alcance», afirmaba Vélez, «sino que para alcanzar de modo efectivo y hacer participar a la comunidad inmigrante, los ministerios de compasión deben construir confianza».[7]

Participación del liderazgo

Según Vélez, «cualquier ministerio comprometido a llegar a los inmigrantes necesita emplear personal que hable el idioma y entienda el terreno cultural».[8] El alcance con compasión comienza a nivel de liderazgo.

Las iglesias comprometidas a llegar a la comunidad inmigrante deben incluir liderazgo étnico e inmigrante en su gobierno. Esto asegurará un compromiso institucionalizado, en lugar de ser una muestra de esfuerzo temporal. Por ejemplo, si yo quiero plantar una iglesia y atraer a varias etnias, los modelos de crecimiento de la iglesia indican que atraeré lo que yo refleje en mi liderazgo, desde la alabanza y la adoración hasta los ujieres y la plantilla. Mi equipo de liderazgo debe reflejar la comunidad a la que deseo servir.

Como Vélez observó, algunos dentro de la comunidad inmigrante considerarán todo lo que no sea étnico, inclusive los ministerios, como brazos de la ley. Al afrontar la posible deportación y separación de familias, puede que eviten precisamente los servicios que sanarán sus cuerpos y sus espíritus. Para dar seguridad a esas personas, las iglesias grandes necesitarán ministerios bilingües, y las pequeñas iglesias necesitarán voluntarios bilingües.

No es suficiente con hablar el idioma de la comunidad. El ministerio debe estar preparado para enseñar a la comunidad el idioma de la iglesia. Podemos y deberíamos ayudar a los inmigrantes a hablar el idioma, pues tienen una gran desventaja si no saben hablarlo. Como dijo un pastor en Texas: «Aprenderemos español, y les llevaremos a la iglesia donde proporcionamos cursos de inglés. La iglesia puede servir como la principal institución para la integración tanto vertical en el reino como horizontal en la sociedad estadounidense».[9]

Estética

El alcance de compasión a inmigrantes requiere un esfuerzo para comunicar mediante los símbolos sensuales que dan seguridad a la comunidad. Esto requiere una sencilla orientación cultural para entender las características básicas incrustadas en los valores de la comunidad, desde los alimentos, la música, esquemas de color o iconografía y otras particularidades. Un curso básico de orientación cultural puede dar como resultado una abundante cosecha.

El alcance evangelístico de compasión también debe incorporar el mensaje en ambos idiomas. Algunos ministerios tienen un estupendo espíritu pero carecen de recursos amigables con el idioma para comunicar de modo eficaz. Por ejemplo, una congregación principalmente anglosajona en Dallas al comienzo de un año escolar se marcó como objetivo las familias hispanas con hijos en edad escolar. Los líderes de la iglesia rentaron un estacionamiento en el centro de la comunidad, llevaron un camión cargado con mochilas nuevas llenas de lapiceros, cuadernos, calculadoras y otros materiales escolares.

Aunque los voluntarios estaban en el lugar correcto en el momento correcto haciendo lo correcto, pocas familias aprovecharon ese esfuerzo. ¿Por qué? Los organizadores del ministerio descubrieron después del evento que toda su publicidad estaba en inglés. Un alcance eficaz y compasivo a la comunidad inmigrante hispana requiere tanto inglés como español. En breve, compasión y cultura deben unirse para que tenga lugar un evangelismo eficaz.

Técnicas para construir comunidad

Las iglesias hacen bien en dar forma al alcance étnico e inmigrante entendiendo antes el papel que tiene la comunidad en la cultura hispana. Mientras que el modelo estadounidense y europeo occidental celebra al individuo, los grupos hispanos e inmigrantes tienden a poner más enfoque en la movilización comunitaria. «Celebrar la cultura y aceptar las características distintivas de nuestro pueblo solo puede conducir al mosaico que llamamos el reino», afirmaba Jesse Miranda, presbítero ejecutivo de las Asambleas de Dios y presidente emérito de la Asociación Nacional de Evangélicos Hispanos. «Necesitamos un alcance étnico que comience en la cabeza, pase a la mano y termine en el corazón: el corazón de la comunidad».[10]

La agenda del Cordero

El evangelismo basado en la compasión no surge del discurso de una ideología política, sino más bien del corazón del testimonio profético. Alcanzar a hispanos y a otros inmigrantes, documentados o de otro modo, puede que no refleje la agenda del asno o del elefante, pero sí refleja la agenda del Cordero. Esos inmigrantes, particularmente inmigrantes hispanos, tienen el potencial de ayudar a reforzar la herencia judeocristiana de Estados Unidos y restaurar nuestra misión histórica.

En esencia, el inmigrante hispano demuestra afinidad con los valores centrales que inundan la iglesia estadounidense que cree en la Biblia y está llena del Espíritu: compromiso a la ortodoxia bíblica, la santidad y el poder del Espíritu Santo. Con la bendición de Dios y nuestra ayuda, los cristianos inmigrantes surgirán en el siglo XXI como un muro de rectitud y justicia contra la apatía espiritual, el relativismo moral y el deterioro cultural.

El alcance compasivo bien puede servir como el bálsamo de Galaad para sanar la actual pelea entre nativos e inmigrantes. Dios mediante, dará como resultado no solo la salvación de la comunidad inmigrante sino también la salvación de la iglesia estadounidense.

El movimiento Pedro y Juan

Los movimientos cristianos del siglo XX no necesariamente funcionan en el siglo XXI. Por ejemplo, mientras que en la Mayoría Moral de Jerry Falwell y la Coalición Cristiana de Pat Robertson llamaban a los votantes bíblicos a participar en la actividad política después de décadas de apatía, la composición de la membresía hablaba a un electorado que era principalmente demasiado masculino, demasiado viejo y demasiado de raza blanca para ser sostenible.

Además, en un mundo de redes sociales, como Facebook, Twitter, iPads y YouTube, solamente un movimiento cultural multiétnico del reino puede tener éxito para ejecutar la agenda del Cordero. Como modelo, la respuesta a la Proposición 8 en California representa un modelo del reino colaborador y práctico para que otros lo imiten.

Esa fue la proposición que sirvió para afirmar la definición histórica de matrimonio entre un hombre y una mujer. Para sorpresa de muchos, los dos segmentos demográficos del estado que votaron en importantes mayorías para preservar la definición bíblica del matrimonio fueron los afroamericanos y los hispanos. Setenta por ciento de los votantes de raza negra y cincuenta y tres por ciento de los votantes hispanos votaron para preservar el matrimonio. Juntos, empujaron las cifras totales hasta el cincuenta y dos por ciento: una mayoría simple.[11]

Lo que hace que esas cifras sean aun más impresionantes es que los votantes de raza negra e hispanos tuvieron que resistir las presiones políticas del partido con el cual la mayoría de ellos se identifican y dejar fuera la presión de los medios por parte de una industria del entretenimiento que da una reprimenda.

Este tipo de alianza puede volver a suceder. Esas dos comunidades están listas para activar una cultura del reino impermeable, un muro multiétnico en defensa de la vida, la familia y la libertad religiosa. Ellos ya tienen su resolución.

A pesar de las acusaciones de quienes defienden la Proposición 8, no se trataba de homofobia. Ningún cristiano serio trataría a un homosexual de ninguna otra manera sino con respeto y dignidad. Sabemos cómo respondió Jesús a todos los miembros de la sociedad independientemente de cómo esperaban otros que Él respondiera. Juan 8.1–7 relata la visita de Jesús a los atrios del templo, donde todo el pueblo se reunió en torno a Él, y procedió a enseñarles. Con la esperanza de atrapar a Jesús, los maestros de la ley y los fariseos llevaron a una mujer acusada y dijeron: «Maestro, esta mujer ha sido sorprendida en el acto mismo de adulterio. Y en la ley nos mandó Moisés apedrear a tales mujeres. Tú, pues, ¿qué dices?».

Jesús les confundió escribiendo en la tierra con su dedo mientras ellos hablaban. Cuando sus inquisidores siguieron preguntándole, Jesús se incorporó y dijo: «El que de vosotros esté sin pecado sea el primero en arrojar la piedra contra ella». Esto no significa que Jesús aprobaba el comportamiento de ella, pues no lo hacía, pero reconocía que ella era digna de misericordia y comprensión.

No, lo que quienes apoyaban la Proposición 8 estaban diciendo a la cultura acusatoria en general era que el matrimonio importaba. No puede ser redefinido para encajar en las modas actuales. Históricamente, el gobierno federal ha luchado para proteger el matrimonio tradicional. En su plataforma en 1856, por ejemplo, el partido republicano prometió «prohibir en los territorios esas reliquias gemelas del barbarismo: la poligamia y la esclavitud». Al año siguiente, el presidente demócrata James Buchanan envió tropas federales a Utah para poner fin a la práctica de la poligamia y proteger el matrimonio tradicional. Esto no tuvo nada que ver con la homosexualidad.

Muchos estadounidenses, inclusive la mayoría de afroamericanos e hispanos, reconocen la necesidad de preservar el matrimonio como el principal antídoto contra el embarazo adolescente, la violencia, el crimen, la actividad de las pandillas y otros males sociales. Me refiero aquí a un matrimonio en el que mamá *y* papá están presentes. En California, votantes negros e hispanos sirvieron en cierto modo como un muro étnico de modo que los medios no pudieran fácilmente caricaturizar a evangélicos de raza blanca enojados como la fuente de todos sus problemas.

Además de un sólido compromiso a la verdad vertical, hispanos y afroamericanos afrontan desafíos de justicia horizontal en los centros urbanos de la nación. No es coincidencia que muchos de ellos surjan del desmoronamiento del matrimonio. Más del setenta por ciento de niños afroamericanos nacen fuera del matrimonio en todas las clases sociales. El índice entre hispanos ha pasado del cincuenta por ciento, y continúa aumentando a medida que nuevos inmigrantes se adaptan a las seducciones de la cultura y los alicientes de un sistema de asistencia social que sin pensar recompensa solo a los hogares de familias sin un padre presente.

«Cuando la cultura del matrimonio comienza a erosionarse», argumenta la Declaración de Manhattan, «patologías sociales de todo tipo se manifiestan rápidamente». Si los hogares sin padres son un problema, los barrios sin padres son una pesadilla. Sin supervisión, los muchachos encontrarán todos los problemas que ofrece una sociedad libre. Esto incluye drogas, crimen, pandillas y un aislamiento general de la sociedad ordenada. Los más pobres y más vulnerables entre nosotros, afirma la Declaración de Manhattan, «están pagando un inmenso precio en delincuencia, consumo de drogas, crimen, encarcelación, desesperanza y desesperación».[12]

Los afroamericanos tienen un elevado índice de abandono escolar, casi el doble del que tienen los blancos, y los hispanos casi el doble del que tienen los negros. Esas minorías que estudian secundaria, con frecuencia son lanzados juntos a ambientes urbanos volátiles donde se alienta a negros e hispanos a verse a sí mismos como enemigos. En las cárceles, la tensión entre grupos étnicos se cierne a niveles de alerta naranja.

Solo un despertar, el Tercer Gran Despertar, tiene el potencial de transformar el enojo en alianza, el conflicto en cooperación, la futilidad en productividad. Porque con la cruz, y en el espíritu de la cultura del reino de Pentecostés, hispanos, afroamericanos, asiáticos, americanos, indios americanos, y todos los hijos de Dios, de todas las naciones, se acercan a la proverbial puerta llamada la Hermosa.

Delante de nosotros yace un mundo paralizado que suplica sustancia, que suplica cambio, que suplica esperanza. Y desde el centro de la cruz decimos a quienes están en los barrios de Los Ángeles, a quienes están en los barrios bajos del centro de Oakland y a quienes están en los valles de West Virginia la misma cosa: «Puede que no tengamos plata. Puede que no tengamos oro, pero lo que tenemos te damos. En el nombre de Jesucristo, levántate y anda».

8.

Un movimiento en HD o analógico

En febrero de 2009, por todo Estados Unidos, todas las televisiones comenzaron a recibir sus señales exclusivamente mediante formato digital en lugar de hacerlo mediante el formato tradicional analógico. Actualmente, para ver su programa favorito de televisión, *Dancing with the Stars*, o *American Idol*, o *NCIS*, debe tener un televisor en alta definición o un aparato que haga que su televisor sea compatible con HD. El gobierno describió esta transición histórica como «el fin de las orejas de conejo».

Para cumplir la agenda del Cordero, la iglesia estadounidense debe salir de su propia era de «orejas de conejo». La decisión, en la actualidad, es realizar las modificaciones necesarias o parecer tan obsoleto como un televisor analógico. Desgraciadamente, la señal que la iglesia estadounidense envía ahora acerca de quién es Dios y lo que Él dice llega interrumpida y borrosa, especialmente para los así llamados «mileniales» (los nacidos después de 1980).

Para demasiadas personas en la actualidad de todos los grupos de edades, incluso quienes están afiliados a una iglesia, el domingo en la mañana es poco más que una ocasión social, una oportunidad de vestirse formalmente, visitar amigos, escuchar una hora de predicación que hace sentir bien y cantar, y después irse a comer, sin resultar en nada movidos en cuanto a cambiar la vida propia.

Para empeorar aun más las cosas, los escándalos llenan púlpitos, los divorcios destruyen familias, y nuestros jóvenes aceptan un universalismo vacío a la vez que nosotros predicamos más sobre dinero de lo que predicamos sobre el alma. Esto es cristianismo de orejas de conejo, nada más o menos que una iglesia que transmite señales borrosas a una audiencia cada vez más pequeña.

Al igual que la televisión en HD mejora la calidad de las imágenes televisadas de modo exponencial, así también nosotros necesitamos transmitir una imagen en alta definición de un evangelio que es a la vez personificado y transformador. ¿Cómo se ve una iglesia en HD? No olvidemos que la alta definición se trata de resolución de imagen, claridad de imagen, velocidad de la información y una participación multifacética mediante programación a la carta, transmisión por la Internet y redes. Por tanto, una iglesia HD presentará una imagen clara de un Dios amoroso que repudia el pecado a la vez que ama al pecador.

Sin duda alguna, un nuevo movimiento de santidad necesita tener lugar, con un compromiso a abordar a una cultura tolerante con el pecado, pero sin los vestigios del legalismo. Esta iglesia incorporará la eterna verdad: «Porque yo soy Jehová vuestro Dios; vosotros por tanto os santificaréis, y seréis santos, porque yo soy santo» (Levítico 11.44).

En segundo lugar, un movimiento en HD de la agenda del Cordero en Estados Unidos requerirá participación e interacción con la cultura. Sin embargo, la iglesia no puede meramente estar participando en la cultura estadounidense; esa cultura debe ser reformada mediante la iglesia. Necesitamos una imagen clara, una transmisión bíblica y recta de Dios, la familia, la moralidad, la rectitud y la justicia para competir con las imágenes implacablemente violentas y hedonistas que actualmente están socavando a nuestra juventud.

En tercer lugar, el cristianismo de alta definición en Estados Unidos requiere programas, sistemas, instituciones, mecanismos de entrega, y finalmente, comunidades que puedan facilitar una transmisión clara y viable del evangelio. Sí, la alta definición permite que los televidentes realicen multitareas, trabajen en la Internet, pidan a la carta y se entretengan. Pero el cristianismo tiene mucho más que ofrecer e incluso el mejor centro de entretenimiento para el hogar. La iglesia puede abordar las necesidades sociales, espirituales, físicas, intelectuales y comunales de todos sus integrantes. Para hacerlo, ya no puede seguir intentando competir como «entretenimiento». Debe profundizar y llegar más alto; debe reconciliar los planos vertical y horizontal de la cruz. Y debe tener los medios para comunicar el mensaje de la cruz.

Las iglesias que avancen y modernicen sus herramientas de transmisión serán relevantes en la escena religiosa estadounidense del siglo XXI. Y con «herramientas» no necesariamente quiero decir mayores pantallas de televisión o mejores sistemas de sonido. Me refiero a herramientas espirituales. Nuestra nación necesita una *ecclesia* (iglesia) que personifique *habitus Christus* (la vida y hábitos de Cristo) con una señal clara que transmita una *imago Dei* (imagen de Dios) que sigue salvando, liberando, sanando y que regresará. Adiós a las orejas de conejo, ¡bienvenida al despertar!

ASCENDER A UNA PLATAFORMA MULTIGENERACIONAL

Ascender a un sistema de entrega en alta definición de la agenda del Cordero requiere volver a pensar seriamente. ¿Por qué? El cristianismo estadounidense está al borde de un abismo espiritual. O lo cruzamos de un salto hacia una nueva tierra prometida al otro lado, o descendemos hasta las profundidades de la irrelevancia quasi espiritual al estilo europeo. Para hacer este salto profético, y sostener su promesa, la iglesia en Estados Unidos debe mostrar su fuerza implícita y transferir ese ADN espiritual a la siguiente generación.

Las encuestas nos dicen que los jóvenes en la actualidad no están plenamente sintonizados. Una amplia encuesta Pew en 2010 mostraba algunas áreas de preocupación y algunas áreas de promesa. Del lado de la preocupación, casi un veinticinco por ciento de los mileniales afirmaban no tener ninguna afiliación religiosa. Este porcentaje no solo era más elevado que otro grupo de edad, sino que esta cifra también es más elevada de lo que era para los baby boomers o la generación X en la misma etapa de sus vidas. Estos jóvenes adultos también asistían a servicios religiosos con menos frecuencia que los estadounidenses más mayores, y menos jóvenes decían que la religión era muy importante en sus vidas.

También preocupante, solo el sesenta y ocho por ciento de estadounidenses de edades entre los dieciocho y los veintinueve años se identificaban como cristianos, comparado con el ochenta y uno por ciento de estadounidenses de más de 30 años. De modo similar, los jóvenes adultos estaban menos convencidos de la existencia de Dios de lo que estaban sus mayores. Solo sesenta y cuatro por ciento de los mileniales afirmaban estar totalmente seguro de la existencia de Dios, comparado con setenta y tres por ciento entre quienes tenían 30 años o más.

Del lado de la promesa, los mileniales tenían la misma probabilidad que quienes tenían más de 30 años de creer en la vida después de la muerte, el cielo, el infierno y los milagros. En varias de estas variables, jóvenes protestantes tradicionales y congregantes en iglesias históricamente de raza negra mostraban mayores niveles de creencia que sus mayores. Entre los protestantes, tanto evangélicos como tradicionales, quienes tenían entre dieciocho y veintinueve años de edad y estaban afiliados a una iglesia tenían más probabilidad que sus mayores de considerar la suya propia como la única fe verdadera. Y aunque existen algunas diferencias sobre problemas sociales concretos, los de menos de treinta años tenían la misma probabilidad de creer en las normas absolutas de bien y mal que los mayores de treinta.[1]

En resumen, Estados Unidos sigue siendo un país profundamente cristiano y muy espiritual. Si aún no es así en los corazones de los jóvenes, Cristo sigue estando en el aire, y los jóvenes lo sienten. Yo veo la falta de afiliación entre ellos más como una oportunidad que como un problema. Sabemos que ellos claman por algo en lo que creer, una conexión espiritual, una profundidad de sentimiento y de creencia que actualmente faltan sus vidas.

En las horas antes de su muerte, a medida que su vida se iba descontrolando fatalmente, la estrella del pop, Whitney Houston, estaba citando pasajes de la Biblia y clamando a Jesús. El día antes de que la encontraran en la bañera de su hotel de Los Ángeles, Houston le dijo a una amiga: «Voy a ver a Jesús. Quiero ver a Jesús». Al día siguiente, con su muerte inminente, se le cita diciendo: «Mira, él es estupendo, realmente quiero ver a ese Jesús».[2] Una cruel cultura popular podía matar a Houston, pero no podía matar su fe. Lo que ella necesitaba, sin embargo, era más que un recuerdo de Jesús. Necesitaba la presencia de Él en su vida; todos nosotros la necesitamos, tanto jóvenes como viejos.

Al igual que Houston, demasiados estadounidenses buscan pero no encuentran. No conectan con Abraham, Isaac y Jacob. Un reciente estudio revelaba que el veinticinco por ciento de todos los adultos abandonó su fe de la niñez, mientras que el cuarenta y cuatro por ciento cambió de afiliación religiosa. Estas cifras plantean la pregunta: ¿deberían los cristianos estar preocupados por el rechazo y el abandono, y deberían sus respectivas comunidades posicionarse para tener relevancia para la siguiente generación?

En primer lugar, debemos llegar a reconocer plenamente que en Estados Unidos tendemos a medir la herencia y las obligaciones de herencia dentro del discurso del materialismo. Nos inquietamos por el manejo de la riqueza, los impuestos a la herencia y los planes de transmisión, pero rara vez nos preocupamos por la propiedad espiritualmente moribunda. Y sin embargo, nuestro mayor regalo potencial a nuestros hijos y a sus hijos fluye de nuestra fe. El mejor bien que podemos dejar tras nosotros no es una propiedad o un fondo de inversión sino más bien la poderosa verdad englobada en una sencilla frase: «Pero yo y mi casa serviremos a Jehová» (Josué 24.15).

Para construir el futuro, las iglesias y ministerios exitosos también deben aprender a construir una plataforma sobre la cual la fe de Abraham converge con la pasión de Isaac y la tenacidad de Jacob. En otras palabras, los líderes deben crear e implementar estrategias que conecten a las generaciones mediante un propósito común en lugar de complacer las diferencias generacionales.

Muchos líderes de iglesias recorren una amplia variedad de estrategias disponibles para alcanzar a las diversas generaciones. Aunque el aumento exponencial en el estilo de los servicios de alabanza contemporáneos, sermones ilustrados, cristianismo digital, etc., habla de la realidad de la personalización, cualquier ventaja en el alcance se queda en nada si el medio oscurece el mensaje. Es bien sabido lo que dijo Marshall McLuhan: «El medio es el mensaje», pero eso solamente es cierto en el cristianismo si entendemos que el medio es Jesucristo.

Hace casi dos siglos, Barton W. Stone, uno de los líderes del Segundo Gran Despertar, estableció en gran medida del mismo punto que yo estoy estableciendo aquí:

> Sugiero que restauremos la iglesia tal como era en tiempos del Nuevo Testamento, arraigándola firmemente en el patrón establecido por los primeros discípulos. Con sus raíces ahí, puede

> doblarse y flexionarse para ajustarse a los tiempos, pero fundamentalmente siempre será la misma. Un árbol fuerte sigue siendo un árbol independientemente de hacia dónde sopla el viento. Y la iglesia seguiría siendo la misma iglesia a pesar de que las opiniones de los hombres soplen en torno a ella.[3]

No solo debemos conectar a Abraham, Isaac y Jacob mediante las plataformas de entrega de servicios y ministerios que se ofrecen en la iglesia local, sino que también debemos conectar las generaciones mediante el puente del discurso reconciliador. Ahora existe una desconexión generacional al igual que una desconexión bíblica. Conectamos a anteriores generaciones con la Palabra. Los jóvenes han perdido esta conexión, y su falta de alfabetismo bíblico hace que la transmisión de nuestra herencia cristiana sea difícil a pesar de lo modernos que sean los audiovisuales en la iglesia. La Palabra conectará a nuestras generaciones y servirá como el catalizador para el cristianismo estadounidense en años futuros.

Dicho con sencillez, los Abraham de nuestro tiempo han permanecido en la Palabra, los Isaac se han desarrollado en la adoración, y los Jacob han clamando por justicia. ¿Podemos ser una iglesia que aborde las distinciones espirituales de los tres y que emerja como el nexo de la ortodoxia bíblica, la santidad, la adoración y la justicia? ¿Podemos levantarnos con el dictamen del Credo de Nicea mientras adoramos en espíritu y en verdad, y a la vez obtenemos un discurso de justicia?

Mientras avanza la agenda del Cordero, los cristianos de la cultura del reino que unen a las generaciones clamarán en medio del relativismo moral, el terrorismo cultural y la desesperación espiritual: «Dios de Abraham, de Isaac y de Jacob». Entonces, el Dios que proveyó el cordero, los pozos y la escalera proveerá lo mismo para nuestra generación y para generaciones aún por llegar.

Un movimiento 3-D

Sin embargo, no podemos detenernos en la alta definición. La tendencia actual en la entrega visual y las imágenes de video intenta captar todos nuestros sentidos: tecnología 3-D. Mientras que la percepción en profundidad se extiende hasta los medios más allá de las alternativas normativas en el entretenimiento, la agenda del Cordero requiere una imagen en 3-D donde lo vertical y horizontal sirven como el principal mecanismo de entrega para la profundidad del camino, la verdad y la vida. Nuestro movimiento debe ser tridimensional. La agenda del Cordero aporta profundidad, claridad y percepción al camino estrecho, la verdad sin compromiso y la vida abundante.

En Estados Unidos actualmente existen varios caminos hacia el relativismo moral, la apatía espiritual y el deterioro cultural. Hay demasiados. Pero, desde luego, hay otro camino. Jesús dijo: «Yo soy el camino, y la verdad, y la vida». Permita que sea claro. Aunque lo que estoy a punto de decir no es políticamente correcto, y aunque es contrario al modus operandi estándar del momento, debe decirse: hay solamente uno, sí, *un* camino a Dios y al cielo. Jesús es el camino, el camino estrecho, el único camino. La agenda del Cordero proporciona una dirección clara. Para un mundo obsesionado con los sistemas de posicionamiento global para recibir ayuda, propone una ruta directa hacia la salvación vertical y la transformación horizontal: la ruta del Cordero.

Además, un movimiento 3-D de la agenda del Cordero fusiona verdad y amor. Necesitamos liderazgo cristiano que salga de los vestigios de la religiosidad y el cristianismo tibio con verdad bíblica. Amigos, la verdad no está sujeta a las tendencias culturales del momento. La verdad no llega de los expertos de los medio de comunicación en la CNN, Fox News, MSNBC, ABC, NBC, CBS, programas de radio, blogueros y publicaciones con sus agendas seculares y sus informes sesgados. Y a propósito, tampoco existe tal cosa como verdad blanca, verdad negra o verdad mulata. Hay una sola verdad eterna: Jesús es la Verdad. Como aprendemos en Juan 8.32: «y conoceréis la verdad, y la verdad os hará libres».

Lo comprendo. Todo parece estar cambiando. Comprendo que esta es la era de Twitter, Facebook, el correo electrónico, las plataformas digitales, la óptica, la métrica, los epígrafes y el cambio constante. Pero hay una cosa que nunca cambia: «Jesucristo es el mismo ayer, y hoy, y por los siglos» (Hebreos 13.8). Esta idea es reforzada en Mateo 24.35: «El cielo y la tierra pasarán, pero mis palabras no pasarán». En medio de un mundo cambiante existe una verdad que nunca cambia. La agenda del Cordero requiere un compromiso sin concesiones a esa verdad bíblica.

Aunque andamos por este camino estrecho de verdad, experimentamos vida, y la experimentamos en abundancia. Jesús vino a darnos vida, y nos dio vida en abundancia.

9.
El liderazgo de Juan el Bautista

Los movimientos permanecen o caen basados en un elemento significativo: el liderazgo. Aunque el movimiento depende de su mensaje y plataformas de movilización para establecerse, la sostenibilidad a largo plazo demanda calidad de liderazgo, y la calidad de liderazgo no se produce por accidente.

El movimiento de la agenda del Cordero requerirá muchas voces y muchos líderes. Surge la pregunta: ¿Qué estilo de liderazgo puede reconciliar mejor los planos vertical y horizontal de la cruz? La respuesta está plasmada en la persona que Cristo mismo reconoció como un líder extraordinario: Juan el Bautista.

En este contexto, es importante entender que cualquier empresa humana que sea digna, y a larga escala, comienza con una visión filosófica general. Esta visión proporciona el marco teórico dentro del cual el individuo puede plantear preguntas, abordar situaciones concretas y tomar decisiones cruciales.

Así, nuestra posición metafísica mayor, en la cual todas las acciones humanas son entendidas y consideradas significativas, dicta el paradigma teórico que empleamos como líderes. El modelo de liderazgo de Juan el Bautista es un paradigma inusual. La mayoría de modelos de liderazgo definen éxito en el aquí y el ahora, y muchos líderes buscan ser reconocidos, si no recompensados, por el éxito que logran.

El modelo de Juan el Bautista

Como contraste, el modelo de Juan el Bautista es ese raro paradigma en el cual los líderes miden el éxito por el modo en que han ayudado a sus seguidores a llegar a ser mejores líderes de lo que son ellos mismos. A pesar de lo raro que sea el uso de este modelo, es uno que crea todos los movimientos grandes y duraderos del mundo, ninguno mayor o más duradero que el movimiento que denominamos la agenda del Cordero. Los líderes que están dispuestos a preparar el camino, bautizar a sus sucesores y finalmente concluir su período entregando a sus herederos designados el metafórico martillo, al final terminarán asegurando coherencia y continuidad.

El liderazgo transversal demanda compromiso y virtud. La idea misma de la cruz, vertical y horizontal, requiere un líder capaz de entender y explicar su significado. El liderazgo exitoso ayuda a crear un ambiente en el cual movimientos, instituciones, corporaciones y comunidades se desarrollan reconciliando *imago Dei* con *habitus Christi*.

La directiva inmediata del liderazgo de la cruz es enriquecer, mejorar y capacitar el movimiento proporcionando los recursos intelectuales, la fortaleza espiritual y la perspicacia empresarial, que son necesarios para el éxito. La directiva a largo plazo es asegurar la continuidad del éxito ampliando otras voces y haciendo que quienes sigan sean mayores que uno mismo.

La idea misma de hacer de la sucesión una prioridad, incluso desde el comienzo del período de un líder, demanda un abandono del ego. El liderazgo transversal no se trata de formar un movimiento que gire en torno a un individuo. No se trata de identificar al movimiento con una persona. Finalmente se trata de Jesucristo, y cualquier nombre que aparezca más grande sobre la entrada de la iglesia mina el movimiento. Además, un movimiento centrado en un ego rara vez tiene una esperanza de vida que sobrepase a la persona que lo lanza.

El liderazgo transversal demanda humildad, deferencia y respeto para el movimiento. Obliga a los líderes a crear un plan de sucesión fundado en la integridad y la responsabilidad. De manera más práctica, ese plan debería incorporar una afinidad colectiva para edificar discipulado y una obligación contractual para sostener la excelencia.

El precursor Moisés

A manera de ejemplo, consideremos a Moisés tal como le encontramos en el Antiguo Testamento. De modo muy similar a como Juan el Bautista preparó el camino para Jesús, Moisés preparó el camino para Josué. A pesar de los fracasos personales que le negaron cualquier entrada significativa a la tierra de la promesa, Moisés se aseguró de que Josué estuviera preparado para sucederle después de su muerte. Este es un punto que el Señor mismo estableció al ungir a Josué como sucesor de Moisés.

El Señor le dijo a Josué: «Solamente esfuérzate y sé muy valiente, para cuidar de hacer conforme a toda la ley que mi siervo Moisés te mandó; no te apartes de ella ni a diestra ni a siniestra, para que seas prosperado en todas las cosas que emprendas» (Josué 1.7). Moisés preparó a un líder que llevaría a su pueblo más lejos de lo que él podría haberlo hecho nunca. Esto es lo que hacen los buenos líderes.

Moisés preparó a su sucesor desde dentro de su propio pueblo. Esta es una buena práctica para cualquier iglesia, movimiento o comunidad. Las juntas de liderazgo puede que quieran reconsiderar la política de buscar fuera un sucesor. Los movimientos que perduran no reclutan líderes; desarrollan líderes desde dentro. Jim Collins, el gurú del liderazgo, confirma precisamente este punto. Su investigación sobre empresas exitosas mostró un patrón innegable: las compañías que dan el salto de bueno a estupendo buscan y nombran sucesores que han sido desarrollados dentro de la organización.

Josué no planeó la sucesión tan sabiamente o tan cuidadosamente como Moisés. Su falta de deliberación dentro de su dominio del liderazgo dio como resultado la caótica e incoherente historia de Israel después de su muerte. Hemos visto este problema en la propia historia de nuestra nación. El asesinato de Abraham Lincoln dejó su movimiento en manos de Andrew Johnson, que no estaba preparado para mantenerlo. En lugar de una nación unida después de la Guerra Civil, tuvimos que batallar a lo largo de un siglo de Jim Crow y un subsiguiente medio siglo de inquietud racial.

El hombre que tenía el potencial de abordar esa inquietud y hacer avanzar a la nación, Martin Luther King Jr., fue incapaz de desarrollar a un sucesor que se acercara a su propia combinación de carácter y carisma. Quienes tenían carisma carecían de carácter, y quienes tenían el carácter carecían de carisma. El asesinato de King, al igual que el de Lincoln, dejó el proceso de preparación incompleto. En gran medida, su movimiento perdió dirección después de su muerte.

EL EJEMPLO DE JESÚS

Jesús estableció un modelo de liderazgo que verdaderamente no puede seguirse. Sin embargo, ese modelo nos dice mucho sobre el valor que Él daba a la sucesión y la continuidad. «Y yo también te digo, que tú eres Pedro, y sobre esta roca edificaré mi iglesia; y las puertas del

Hades no prevalecerán contra ella», Jesús nos dijo en Mateo 16.18–19. «Y a ti te daré las llaves del reino de los cielos; y todo lo que atares en la tierra será atado en los cielos; y todo lo que desatares en la tierra será desatado en los cielos».

En los días que siguieron a su resurrección, Jesús reforzó la autoridad de Pedro y preparó a sus apóstoles para su misión de avance, una preparación que culminó en Pentecostés. Significativamente, fue Pedro quien se dirigió a las perplejas multitudes después del evento. Después de asegurarles que los apóstoles no estaban borrachos, que en cambio estaban llenos del Espíritu Santo, Pedro les dijo a las multitudes lo que se esperaba de ellos:

> Arrepentíos, y bautícese cada uno de vosotros en el nombre de Jesucristo para perdón de los pecados; y recibiréis el don del Espíritu Santo. Porque para vosotros es la promesa, y para vuestros hijos, y para todos los que están lejos; para cuantos el Señor nuestro Dios llamare. (Hechos 2.38–39)

Se puede perdonar a los escépticos en aquella multitud, y había más de unos cuantos, por pensar que este movimiento no duraría ni un solo año. Dos mil años después, los más de dos mil millones de cristianos que hay en el mundo demuestran que los escépticos están gravemente equivocados. Lo impresionante es que lo que Pedro creía aquel día acerca de Jesús, que murió en la cruz y resucitó de la muerte para perdonarnos nuestros pecados, nosotros lo seguimos creyendo firmemente en la actualidad. A pesar de varios cismas, disensiones y pastorados imperfectos, la iglesia ha permanecido notablemente constante a lo largo de estos dos milenios. Ningún mortal común podría haber preparado un movimiento tan meticulosamente, pero como modelo tiene mucho que admirar e imitar.

COLUMNAS DURADERAS

El liderazgo de un movimiento exitoso comienza con un entendimiento de los requisitos del liderazgo duradero tal como se muestran por Juan el Bautista. Se podría pensar en estas recomendaciones como las columnas del liderazgo de la cruz, columnas sobre las cuales puede basarse el éxito sostenible. Comencemos con la primera columna: la preparación:

> En aquellos días vino Juan el Bautista predicando en el desierto de Judea, y diciendo: Arrepentíos, porque el reino de los cielos se ha acercado. Pues éste es aquel de quien habló el profeta Isaías, cuando dijo: Voz del que clama en el desierto: Preparad el camino del Señor, enderezad sus sendas. (Mateo 3.1–3)

Ninguna otra frase define el período de liderazgo de Juan el Bautista mejor que esta: «Preparad el camino del Señor». El ensordecedor llamado de un líder demostrado en nombre de otro resonó por las colinas y los valles de Israel. Juan el Bautista existió para este único y gran propósito: preparar el camino para el Cristo. Para hacer eso, tuvo que sublimar su propio ego y ocupar un papel secundario, y lo hizo con alegría.

En el desarrollo del liderazgo personal, todos experimentamos un período Juan el Bautista justamente antes de nuestro período Jesús. La preparación siempre precede a la revelación. Una idea de liderazgo vertical y horizontal viene con la responsabilidad innata de preparar el camino para nuestro sucesor.

Este tipo de perspectiva profética no limita al actual líder a un estado de líder saliente. Lo cierto es precisamente lo contrario. Preparar el camino evita problemas de liderazgo inesperados. Preparar el camino nivela los recursos actuales para el éxito del mañana. Preparar el camino incluye mentoría, responsabilidad personal y la cuidadosa transferencia de capital espiritual, intelectual y organizacional.

Como sucede con demasiada frecuencia en la actualidad, dentro y fuera de la iglesia, la salida de un líder da como resultado una atrofia generalizada de ideas, visión y experiencia técnica. Es diferente para los líderes, Juan el Bautista. Ellos no ven sus talentos como portátiles. Esos talentos pertenecen al movimiento o, como diría Juan el Bautista, al «reino».

Esos líderes saben que deben invertir su propio capital humano en la iglesia y en el liderazgo que les sucederá. Esos líderes preparan para la transición no mediante alguna estructura burocrática fría sino desarrollando y cultivando relaciones con potenciales sucesores. La agenda del Cordero depende de líderes capaces de honrar esas relaciones.

Recordar quién es el Mesías

Desgraciadamente, la frase «complejo mesiánico» describe a demasiadas personas que están en posiciones de liderazgo actualmente. Puede que ellos no lo digan en voz alta, pero piensan en sí mismos como un mesías o algo muy cercano a eso. Los líderes Juan el Bautista saben otra cosa. Saben que no son los salvadores de nadie; saben que están preparando el camino para lo que sigue; saben que una progresión de varios niveles de logros disciplinados es lo que construye un futuro.

«Arrepentíos, porque el reino de los cielos se ha acercado», dijo Juan el Bautista. Él no rehuyó de su esencial tarea de mercadotecnia, anunciando las virtudes del movimiento desde su inicio mismo. Él había dominado el *branding emocional* mucho antes de que expertos actuales como Marc Gobé acuñaran el término. Jesús no fue otro profeta; Él era «el Señor», quien podía devolver el gozo al mundo, y Juan estaba orgulloso de presentarle.

Actualmente, los líderes Juan el Bautista se especializan en ser los oráculos del destino de un movimiento. No se apropian del mérito por el éxito del movimiento; más bien, afirman a aquellos a quienes han seguido, dando las gracias a quienes les han ayudado y, más importante, preparan para aquellos que llegarán.

Los líderes Juan el Bautista entienden que preparar el camino requiere trabajo. Lo que hacen hoy importa, ya que su éxito ayudará a preparar el campo para que llegue el movimiento de rectitud y justicia. Deben ser capaces de identificar los posibles obstáculos para un futuro éxito, abordarlos, confrontarlos, vencerlos y dejar un campo limpio para sus sucesores.

La preparación a veces demanda confrontación. Un clásico ejemplo bíblico ilustra este punto. Al verse confrontado con varias plagas y juicios de Dios, un terco Faraón se negó a otorgar libertad a los hijos hebreos. Dios endureció su corazón: «Y aconteció que a la medianoche Jehová hirió a todo primogénito en la tierra de Egipto, desde el primogénito de Faraón que se sentaba sobre su trono hasta el primogénito del cautivo que estaba en la cárcel, y todo primogénito de los animales» (Éxodo 12.29).

Dios esperó a que el hijo del Faraón muriera a fin de liberar a los hijos hebreos. ¿Por qué? Dios no estaba mirando al presente sino al futuro, y eliminó a un potencial enemigo para los hijos de Israel. También estableció un precedente para la justicia que resonaría a lo largo de las edades: «Desciende, Moisés/ Hasta la tierra de Egipto/ Dile al viejo Faraón/ ¡Que deje ir a mi pueblo!».[1]

Entonces y ahora, el liderazgo profético conlleva la responsabilidad de eliminar obstáculos y potenciales amenazas para el éxito y la viabilidad del movimiento, no solo en el presente sino también para el futuro predecible. Este liderazgo debería estar arraigado en las relaciones. Debería «marcar» la visión mayor de manera respetuosa; debería proclamar orgullosamente el cumplimiento de esa visión, y debería confrontar las fuerzas que obstaculizarían ese cumplimiento.

Bautismo en agua

Al igual que Juan el Bautista, los líderes proféticos del siglo XXI se distinguen a sí mismos sumergiendo a líderes y seguidores en agua, no en fuego.

> El siguiente día vio Juan a Jesús que venía a él, y dijo: He aquí el Cordero de Dios, que quita el pecado del mundo. Este es aquel de quien yo dije: Después de mí viene un varón, el cual es antes de mí; porque era primero que yo. Y yo no le conocía; mas para que fuese manifestado a Israel, por esto vine yo bautizando con agua. También dio Juan testimonio, diciendo: Vi al Espíritu que descendía del cielo como paloma, y permaneció sobre él. Y yo no le conocía; pero el que me envió a bautizar con agua, aquél me dijo: Sobre quien veas descender el Espíritu y que permanece sobre él, ése es el que bautiza con el Espíritu Santo. (Juan 1.29–33)

La declaración de Juan, junto con la afirmación de Dios, transformó este ritual común en una oportunidad extraordinaria de proclamar algo nuevo y mejor que estaba por llegar. Hay una lección aquí. Los líderes Juan el Bautista pueden lograr mayor éxito al articular públicamente la misión, marcar el movimiento, refrescar continuamente la visión y evocar afirmación física y verbal. Un líder Juan el Bautista disfruta al bautizar a otros en el liderazgo; sabe que los sucesores requieren plena inmersión en los valores, la visión y el propósito del movimiento.

Un líder Juan el Bautista también conoce los límites de su misión. Como queda claro en Mateo 3.11, Juan el Bautista ciertamente los conocía. «Yo a la verdad os bautizo en agua para arrepentimiento; pero el que viene tras mí, cuyo calzado yo no soy digno de llevar, es más poderoso que yo; él os bautizará en Espíritu Santo y fuego». Como líderes Juan el Bautista, no es nuestro papel bautizar a sucesores o potenciales sucesores en fuego. Nuestro papel está limitado al agua. Tiempo, carácter y desarrollo ejecutarán de modo intrínseco el bautismo en fuego.

Además, el Evangelio de Mateo afirma que después de ser bautizado, Jesús se levantó inmediatamente de las aguas y contempló los cielos abiertos. «Y vio al Espíritu de Dios que descendía como paloma, y venía sobre él. Y hubo una voz de los cielos, que decía: Este es mi Hijo amado, en quien tengo complacencia» (3.16–17).

Este bautismo histórico revela mucho acerca de la naturaleza del liderazgo de la agenda del Cordero. Adecuadamente interpretado, requiere que hombres y mujeres estén dispuestos a sumergir a los seguidores en las aguas del movimiento, pero deben estar igualmente dispuestos a liberar a esos seguidores para que suban y asciendan. Los líderes proféticos no tienen temor a la elevación de quienes les rodean. Le dan la bienvenida.

Observemos que Juan no sumergió a Jesús con trivialidad burocrática, no intentó dominarle, no fingió ser el centro de la atención, sino más bien centró toda la atención en Cristo. En el momento correcto, Cristo salió de las aguas, vio los cielos abiertos y oyó una voz. La poderosa validación como esta es la que capacita a un movimiento para que capte almas y conquiste el mundo.

Aunque obviamente no a esta escala, los líderes Juan el Bautista experimentan también afirmación física y verbal. Tales afirmaciones son difíciles de definir y difíciles de predecir, pero se producen. Y cuando lo hacen, como descubrió el experto en liderazgo e historiador, Donald T. Phillips, los líderes sienten un poder renovado para motivar a los seguidores y completar iniciativas.

El sacrificio supremo

Finalmente, los líderes Juan el Bautista deben estar dispuestos a pagar el sacrificio supremo por causa del movimiento. Juan ciertamente lo hizo. A pesar de las amenazas para su seguridad, él se mantuvo fiel a sus principios y le recordó a Herodes que no podía casarse con la esposa de su hermano: Herodías. Ella clamó venganza y la consiguió: «Y en seguida el rey, enviando a uno de la guardia, mandó que fuese traída la cabeza de Juan» (Marcos 6.27).

La cabeza de Juan fue notoriamente situada sobre una bandeja para exhibición pública. Aunque, felizmente, esa no es la manera en que la mayoría de líderes de movimientos ponen fin a sus días, la muerte pública de Juan tiene un mensaje para nosotros, de todos modos. A esas alturas, él había preparado el camino para su sucesor, y había sido muy abierto al respecto. No habría ningún cisma después de su muerte, ninguna lealtad dividida, ni ninguna pelea por la sucesión.

Después de la muerte de Juan, «los apóstoles se juntaron con Jesús, y le contaron todo lo que habían hecho, y lo que habían enseñado» (Marcos 6.30). Ellos sabían qué hacer y dónde ir. El movimiento siguió adelante con mayor fuerza que nunca.

Poner la cabeza sobre la bandeja se trata más de conclusión que de muerte. Define el carácter de un líder de modo más gráfico que cualquier reconocimiento o elogio público. Un líder que está dispuesto a apartarse él mismo, o ser eliminado, por causa de lanzar a otro personifica el paradigma del siglo XXI para el éxito de un movimiento. Este éxito demanda un liderazgo que prepara el camino, que bautiza a otros en agua y que se olvida de las ambiciones personales por causa del movimiento. Tales líderes aseguran el éxito en la transferencia de liderazgo a medida que los movimientos van de gloria en gloria.

10.

Reconciliar el Cordero vertical con el León horizontal

Una tarde, me encontré con un programa especial de televisión sobre el tema de los leones. La cámara mostraba a un león en su hábitat natural, que acababa de regresar de una caza con carne suficiente para alimentar a su manada. Mientras observaba a la leona y a los cachorros comer, se quedó mirando al cielo de la tarde pensando en esa próxima comida. Poco después, volvió a alejarse a la sabana y regresó, según el narrador, «brutalmente y mortalmente herido».

El león tiene un verdadero enemigo en el mundo animal; es decir, otros leones, leones rivales que quieren lo que él tiene. En cautividad, los leones con frecuencia viven más de veinte años; en su hábitat, tienen suerte si llegan a vivir hasta los diez. La naturaleza salvaje es un lugar brutal. En este caso, como revelaba la filmación, sus rivales habían tendido una emboscada a nuestro protagonista. Él apenas se las arregló para regresar a su campamento, herido y sangrando. «Aquí tenemos al león. El orgulloso rey de la selva ahora está herido y sin fuerza alguna para levantar su cabeza, levantar sus patas y sus garras, o ni siquiera para abrir sus ojos», decía el narrador.[1]

En medio de su manada, el león herido se quedó sentado esperando lo inevitable. Con un sentimiento de triunfo, los mismos enemigos que habían tendido la emboscada al león regresaron para dar un golpe definitivo. A medida que los enemigos se acercaban y comenzaban su asalto, el mismo león herido que no podía levantar su cabeza o levantar sus garras, de repente emitió un sonido. Parecía débil al principio, pero aumentó y se convirtió en un feroz gruñido y después en un rugido potente, del tipo de rugido de que están compuestas las pesadillas.

Con cierta precisión, Proverbios 30.30 describe al león: «fuerte entre todos los animales, que no vuelve atrás por nada». Inmediatamente y sin excepción alguna, los asombrados enemigos de este león huyeron al desierto dejando a los cachorros sin sufrir daño y la comida sin tocar. El narrador lo captó mejor cuando dijo: «Los enemigos del león saben muy bien que mientras el león pueda rugir, ¡ellos no pueden llevarse lo que le pertenece a él!».

Hay momentos en que también el cristiano debe ser un león. Sin embargo, por mucho que los admiremos no podemos ser como los leones en la naturaleza salvaje. Tenemos una doble obligación. Somos llamados a defender el plano horizontal de la cruz, cuando sea necesario, con rugido de león. Y a la vez y al mismo tiempo, somos llamados a aceptar la idea metafórica captada en la simplicidad del cordero: humildad, mansedumbre y sumisión.

Los corderos y las ovejas conocen la voz del Pastor. Como tales, permanecemos verticalmente con gran humildad y sumisión tal como el Buen Pastor nos guía por los pastos de la vida. Igualmente parte de nuestra herencia colectiva es esta metáfora que incluso los no cristianos pueden citar, el salmo 23:

Jehová es mi pastor; nada me faltará.
En lugares de delicados pastos me hará descansar;
junto a aguas de reposo me pastoreará.

Confortará mi alma;
me guiará por sendas de justicia por amor de su nombre.
Aunque ande en valle de sombra de muerte,
no temeré mal alguno, porque tú estarás conmigo;
tu vara y tu cayado me infundirán aliento.
Aderezas mesa delante de mí en presencia de mis angustiadores;
unges mi cabeza con aceite; mi copa está rebosando.
Ciertamente el bien y la misericordia me seguirán todos los
días de mi vida,
y en la casa de Jehová moraré por largos días.

Jesucristo, desde luego, cumplió la promesa de los salmos. «Yo soy el buen pastor; y conozco mis ovejas, y las mías me conocen», aprendemos en Juan 10.14–15, «así como el Padre me conoce, y yo conozco al Padre; y pongo mi vida por las ovejas».

Como cristianos, finalmente somos leones y también corderos, leones horizontales y corderos verticales. Como corderos, mantenemos un silencio vertical de reverencia y humildad. No tenemos miedo a arrodillarnos, a someternos a la misericordia de Dios, a descansar en sus verdes pastos. Como leones, sueltos en un mundo de leones rivales más salvajes de lo que nosotros podemos ser nunca, de todos modos tenemos el imperativo de rugir cuando los enemigos de nuestra fe amenacen a nuestros descendientes y a nuestra cultura.

Como leones, nuestra responsabilidad es amplia. «También tengo otras ovejas que no son de este redil», dijo el Buen Pastor; «aquéllas también debo traer, y oirán mi voz; y habrá un rebaño, y un pastor» (Juan 10.16). Nadie en ningún lugar, independientemente de cuál sea la nacionalidad o la fe, está por encima de nuestro interés. El mundo es nuestra manada.

Para muchos activistas seculares, rugir es bastante fácil. Decir cualquier cosa que viene a la mente con tanta fuerza como se pueda y seguirla con violencia si parece ayudar a la causa. Después de todo, en un mundo sin Dios, como dijo famosamente Fyodor Dostoyevsky: «Todo está permitido».

Para el cristiano, no todo está permitido. Nuestro papel como león está templado por nuestra relación con Cristo. Tenemos que preguntarnos en momentos críticos: «¿Qué haría Jesús?». No podemos olvidar nuestra humildad delante de Dios, nuestra adherencia a su ley y nuestro compromiso con la verdad. Nuestro rugido no puede ser de confrontación e instigación, sino que debe ser de revelación y reconciliación.

Nuestro rugido debe hacer huir a la serpiente, el lobo y el zorro, pero también debe desbordarles de verdad y amor, a pesar de que no las quieran. Nuestro rugido debe comunicar el mensaje de que el cristianismo y el mensaje transformador de rectitud y justicia nunca serán silenciados. Finalmente, nuestro rugido debe presentar claramente la imagen de Aquel que fue crucificado como cordero y resucitado como león. No es nada fácil comunicar este tipo de información y seguir rugiendo, pero debemos rugir.

El alineamiento vertical

Algunos cristianos prefieren rugir verticalmente y seguir siendo pasivos horizontalmente. Además, más de unos cuántos pastores alientan a sus congregantes a gritar a Dios, expresar su enojo y demandar que cumpla las promesas que el congregante supone que Él hizo.

Uno encuentra un rugido vertical particularmente alto entre quienes han abandonado, o están intentando abandonar, su fe. El autor católico Flannery O'Connor capta este fenómeno en su clásica novela de 1952 *Wise Blood* [Sangre Sabia]. Hazel Motes, el amargado protagonista de la novela, se propuso demostrar su recién hallado ateísmo al crear «una iglesia sin Cristo», una iglesia sin Dios, a ese efecto; una iglesia donde, en palabras de O'Connor, no hubo Caída porque no hubo nada desde donde caer, y no hubo redención porque no hubo Caída, y no hubo juicio porque no se produjeron las dos primeras».[2] En el intento de negar a Cristo tan violentamente y tan públicamente como pudiera, Motes llegó a ver que no hay manera de escapar del empuje de la gracia de Dios.

Encontramos algunas útiles palabras de sabiduría sobre este tema general en Santiago 1.12: «Bienaventurado el varón que soporta la tentación; porque cuando haya resistido la prueba, recibirá la corona de vida, que Dios ha prometido a los que le aman».

Todos afrontamos pruebas. Para el cordero cristiano, con una comprensión adecuada de su alineamiento vertical con Dios, las pruebas presentan oportunidades de crecer en la gracia de Dios y en nuestro propio carácter. Santiago continúa: «Cuando alguno es tentado, no diga que es tentado de parte de Dios; porque Dios no puede ser tentado por el mal, ni él tienta a nadie; sino que cada uno es tentado, cuando de su propia concupiscencia es atraído y seducido» (Santiago 1.13–14).

La ira es rara vez una emoción útil, y la ira hacia Dios es particularmente ilegítima. Santiago dijo: «Por esto, mis amados hermanos, todo hombre sea pronto para oír, tardo para hablar, tardo para airarse; porque la ira del hombre no obra la justicia de Dios» (Santiago 1.19–20).

El rugido horizontal

Los leones se presentan con mucha frecuencia en la tradición cristiana. Hay muchas referencias a leones en el Antiguo Testamento, y todas ellas sugieren el relativo poder que poseen los leones. Aunque los leones no hicieron daño a Daniel, «Mi Dios envió su ángel, el cual cerró la boca de los leones, para que no me hiciesen daño, porque ante él fui hallado inocente» (Daniel 6.22), son casi siempre considerados como «el otro»: la fuerza amoral y externa que amenaza y destruye al rebaño de Dios.

Como se nos recuerda en Jeremías 50.17: «Rebaño descarriado es Israel; leones lo dispersaron; el rey de Asiria lo devoró primero, Nabucodonosor rey de Babilonia lo deshuesó después». En los primeros siglos del cristianismo, desde luego, los leones eran algo más que metafóricos. Para satisfacer a los dioses paganos y estimular las pasiones locales, los cristianos periódicamente se daban como alimento a leones de verdad.

Eso no detuvo a los primeros cristianos. Además, su fe y su fortaleza ante la muerte inspiraron a otros. Cien años después de la resurrección de Cristo, el cristianismo se convirtió en la religión dominante en la tierra y sobrepasó al imperio romano en unos quince siglos, y seguimos contando.

En algunos países actualmente, los cristianos no son tratados mejor de lo que lo eran en los primeros tiempos de la Roma imperial. No hay que hacer mucha investigación para encontrar relatos de ataques diarios al cristianismo. Durante la semana en que escribía este pasaje, musulmanes en Indonesia obstaculizaron violentamente a los cristianos para que no pudieran asistir a los servicios de la iglesia; las autoridades en Laos arrestaron a estudiantes thai por participar en servicios cristianos; el gobierno de Irán destruyó monumentos cristianos históricos; matones asaltaron a sacerdotes en Hanoi; un grupo terrorista islámico mató a 36 cristianos en un ataque el domingo de Resurrección.

Estos cristianos siguen rugiendo a pesar de las amenazas. Si ellos pueden hacerlo, nosotros no tenemos excusa alguna para permanecer en silencio aquí en Estados Unidos. Normalmente, tenemos temor a poco más que desprecio, correos electrónicos enojados, portazos de los medios y la pérdida de exenciones tributarias, y aun así eso es suficiente para mantenernos a muchos de nosotros en silencio ante la injusticia y la degradación cultural.

LA DECLARACIÓN DE MANHATTAN

Los cristianos se están levantando y hablando. Por dos mil años hemos estado trabajando sin descanso para proteger a los vulnerables y los marginados, y durante dos milenios los enemigos de Dios han estado trabajando para socavarnos. Por esta razón también debemos trabajar para reforzar las tradiciones que son esenciales para la preservación de la comunidad cristiana y la difusión de la Palabra de Dios por todo el mundo.

Hacia este fin cooperó un grupo de destacados líderes cristianos en lo que se denominó la «Declaración de Manhattan», la cual presentaron en una conferencia de prensa en noviembre de 2009 en Washington DC. Con una extensión de casi cinco mil palabras, la declaración abordaba los asuntos de la vida, el matrimonio y la libertad religiosa. Instaba fuertemente a los cristianos a mantener su terreno y defender esas tres cosas. «La valentía es contagiosa», dijo Billy Graham. «Cuando un hombre valiente adopta una postura, la espina dorsal de otros con frecuencia se fortalece».[3]

El preámbulo de la declaración proporcionaba una perspectiva que rara vez se encuentra en la expresión cristiana contemporánea. Documentaba, en gran parte como hemos hecho en anteriores páginas, la extraordinaria e indispensable contribución de los cristianos a la creación de una cultura civil compasiva, justa e inclusiva.

Esto incluye todo, desde la resistencia a las prácticas infanticidas de Roma en tiempos del imperio romano hasta la preservación de la literatura y el arte de la cultura occidental durante la Edad Media para ayudar a establecer el gobierno de la ley y equilibrar los poderes del gobierno en la era moderna. El cuerpo de la Declaración de

Manhattan no rehúye el rastreo del flujo del activismo cristiano hasta su fuente:

> Actuamos juntos en obediencia al único Dios verdadero, el Dios trino de santidad y amor, que tiene derecho total sobre nuestras vidas y mediante ese derecho nos llama junto con los creyentes en todas las épocas y en todas las naciones a buscar y defender el bien de todos aquellos que llevan su imagen. Proponemos esta declaración a la luz de la verdad que está arraigada en las Santas Escrituras, en la razón humana natural (la cual en sí misma, según nuestra perspectiva, es el regalo de un Dios caritativo), y en la naturaleza misma de la persona humana.[4]

En otras palabras, la capacidad para actuar proviene de Dios mediante el plano vertical de la cruz y, en el nexo, se mueve por el plano horizontal hacia la comunidad en general. Casi todos los esfuerzos para hacer el bien que no están inspirados divinamente no llegan a nada o se erosionan en una segunda o tercera generación. Sin embargo, durante dos mil años, las iglesias cristianas han sido y siguen siendo una fuerza generadora de una cantidad sorprendente de bien en todo el mundo.

Solamente en la última década, tal como la declaración dejaba claro, los cristianos han realizado un trabajo excepcional, gran parte de él sin ser reconocido. Además de los miles de trabajos aparentemente rutinarios de misericordia que se hacen diariamente en diversas ubicaciones, los cristianos han luchado contra el tráfico de seres humanos y la esclavitud sexual, se han ocupado de quienes sufren de SIDA en África, han proporcionado agua potable a naciones en desarrollo, y han fundado casas para miles de niños huérfanos en el caos brutal que sigue reinando en gran parte del mundo.

Defender el matrimonio

Sin embargo, cuanto más bien hace la iglesia, más duro trabajan sus enemigos para minar sus valores. Permita que proporcione un ejemplo de la vida real sobre el modo en que esto funciona. En las finales del concurso de Miss EUA en abril de 2009, uno de los jueces del concurso que es abiertamente homosexual, el llamado por él mismo Perez Hilton, preguntó a Miss California, Carrie Prejean, de veintiún años, si los estados deberían legalizar el matrimonio entre personas del mismo sexo. La pregunta era totalmente inadecuada para un concurso tan superficial. Prejean respondió educadamente y con respeto; de ninguna manera ella era una erudita, pero el suyo fue un rugido bastante fuerte de razón y reconciliación:

> Bueno, yo creo que es estupendo que los estadounidenses puedan escoger en un sentido o en otro. Vivimos en un país donde se puede escoger el matrimonio con otra persona del mismo sexo o del contrario. Y, mire, en mi país, en mi familia, creo que, creo que el matrimonio debería ser entre un hombre y una mujer, sin querer ofender a nadie. Pero así es como me educaron, y creo que debería ser entre un hombre y una mujer.[5]

A pesar del hecho de que la mayoría de californianos acababan de dar la misma respuesta que Prejean en un referéndum estatal, Hilton reaccionó furiosamente. Inmediatamente dijo: «Ella ha dado la peor respuesta en la historia del concurso. Miss California perdió porque es una tonta» escribió en su blog. Se dice que él dio a Prejean un voto de cero, lo cual es probable que le costase la corona de Miss EE.UU. Ella quedó en segunda posición. «Si esa muchacha hubiese ganado Miss EE.UU., yo me habría subido al escenario», continuó Hilton, «y le habría arrebatado esa corona de su cabeza».

Las palabras de Hilton se volvieron cada vez más vulgares porque sus colegas en el mundo del entretenimiento no veían adecuado decirle que se estaba pasando. Puede que ellos no lo notasen. La vulgaridad se ha convertido en la norma en regiones impías del mundo como Hollywood. Ellos dirigieron su ira, en cambio, hacia Prejean. «Muchas personas están enojadas contigo», le dijo su mánager. Él no quería que ella asistiera al baile de coronación. «Tengo miedo de lo que podría sucederte. Realmente no deberías ir».

Durante los siguientes meses, la comunidad de Hollywood siguió atacando y avergonzando a Prejean. Los ataques finalmente dieron como resultado que perdiese su corona de Miss California. Lo que hizo que aquello fuera doblemente absurdo fue que solamente unos meses antes, al entonces senador Barack Obama le preguntaron su opinión sobre el matrimonio gay, y él respondió casi exactamente como había hecho Prejean. «No apoyo el matrimonio gay», dijo Obama. «El matrimonio tiene connotaciones religiosas y sociales, y considero que el matrimonio debe ser entre un hombre y una mujer».[6]

A pesar de su postura, los activistas de Hollywood votaron abrumadoramente a favor de Obama, también autoproclamado cristiano. Sin embargo, no le mostraron su enojo porque supusieron que dijo lo que dijo sobre el matrimonio solamente para salir elegido. Él dejó ver precisamente lo mismo en su libro de 2006, *The Audacity of Hope* [La audacia de la esperanza]. «Debo admitir que puede que haya sido infectado por los prejuicios y predilecciones de la sociedad y los haya atribuido a Dios», escribió explicando su postura sobre el matrimonio gay, «en cuanto a que el llamado de Jesús de amarnos los unos a otros pudiera demandar una conclusión diferente».[7]

Cristiana firme, Prejean no se permitió a ella misma tal flexibilidad. Después escribió un libro sobre su experiencia, se casó con un jugador de fútbol profesional y tuvo su primer hijo. Ella sobrevivirá. Sin embargo, la ferocidad del ataque sobre ella envió un potente mensaje a otros en el campo del entretenimiento. Defender la fe puede costarle a alguien su carrera.

Prejean escribió: «Creo que toda mi terrible experiencia revela el modo en que la cultura de la corrección política utiliza la vergüenza, el chantaje y otras formas de abuso emocional para obligar a personas y organizaciones a mantenerse firmes en sus creencias y sufrir las consecuencias, o a descartar sus creencias solamente para que les dejen tranquilos».[8]

Providencialmente quizá, la presencia de Obama en la lista electoral condujo a la victoria de la Proposición 8 de California, la enmienda constitucional que definía el matrimonio como la unión entre un hombre y una mujer. La mayoría de ciudadanos de raza blanca votaron contra ella. La mayoría de votantes de raza negra e hispanos apoyaron el matrimonio tradicional y votaron a favor. Esos votantes acudieron en cifras récord para apoyar a Obama.

La Declaración de Manhattan defendía con fuerza el matrimonio tradicional, definido como «una unión conyugal de hombre y mujer, ordenada por Dios desde la creación, e históricamente entendida por creyentes y no creyentes igualmente, como la institución más básica en la sociedad».

Hace tan solo una década, nadie habría ni siquiera pensado en desafiar el matrimonio, pues estaba tan incrustado en la cultura como un bien dado. Recordemos que en noviembre de 2008, el presidente Obama parecía aparentemente estar en contra del matrimonio entre personas del mismo sexo. Sin embargo, los progresistas vieron una apertura. Enmarcando el matrimonio entre personas del mismo sexo como un derecho civil, en el espíritu del movimiento civil por los derechos de los negros, los activistas fueron capaces de persuadir a personas bien intencionadas de que este sutil asalto sobre el matrimonio era una progresión natural, incluso un avance en la tolerancia y el entendimiento humano.

Junto con la zanahoria de la autoestima, los activistas arremetieron con el palo de la difamación ritual. Como descubrió Carrie Prejean, oponerse a la agenda progresista sobre este tema era ser un intolerante, un homófobo, un fanático. Nadie quiere que le llamen con esos nombres, especialmente cuando unos medios de comunicación corruptos exageran las acusaciones. Esta propaganda implacable ha erosionado la oposición al matrimonio entre personas del mismo sexo incluso, increíblemente, entre personas que antes se oponían vocalmente a ello. La Declaración de Manhattan llegó a ser, en no en pequeña parte, para fortificar la postura cristiana sobre este y otros temas críticos.

Los cristianos tienen una obligación moral de tratar a los homosexuales con dignidad y respeto. «Tenemos compasión por quienes tienen esa disposición», dice la Declaración de Manhattan. «Los respetamos como seres humanos que poseen dignidad profunda, inherente e igual; y pagamos tributo a los hombres y las mujeres que se esfuerzan, con frecuencia con poca ayuda, por resistir la tentación de ceder a los deseos que ellos, no menos que nosotros, consideran como caprichosos».

Pero seamos sinceros: este tema no se trata realmente de homosexualidad. Se trata de matrimonio. Los radicales de la izquierda entienden que el matrimonio es el fundamento de la civilización cristiana. Marcos 10.1–10 relata la historia de cómo Jesús fue probado por algunos fariseos que le preguntaron si era legítimo que un hombre se divorciase de su esposa. Ellos señalaron que Moisés les había permitido tal posibilidad. «Por la dureza de vuestro corazón os escribió este mandamiento», respondió Jesús. Entonces citó Génesis en los versículos 6–9 e introdujo una comprensión nueva y esencial del plan de Dios para el hombre:

> Pero al principio de la creación, varón y hembra los hizo Dios. Por esto dejará el hombre a su padre y a su madre, y se

> unirá a su mujer, y los dos serán una sola carne; así que no son ya más dos, sino uno. Por tanto, lo que Dios juntó, no lo separe el hombre.

Cualquier intento de considerar trivial esta unión, ya sea mediante el divorcio fácil, la cohabitación, la poligamia o el «matrimonio» entre personas del mismo sexo, no solo afrenta el cristianismo bíblico sino que también causa estragos en la comunidad en general. Un hogar sin una madre y un padre es algo triste. Un barrio que carezca de padres es una amenaza para la salud y la seguridad de cualquiera que viva en él o cerca de él. Para los expertos, el caos es una oportunidad para que los gobiernos agarren el poder. Pueden enmascarar sus primeros pasos como una forma de arriba para abajo de caridad cristiana, pero al final, los cristianos serios se encuentran en la cárcel, o algo peor. Por este motivo, los delineantes de la Declaración de Manhattan imploraron a sus compañeros cristianos que tomasen este tema muy en serio:

> Y al igual que Cristo estuvo dispuesto, por amor, a entregarse a sí mismo por la iglesia en un sacrificio completo, nosotros estamos dispuestos, amorosamente, a realizar cualquier sacrificio que se requiera de nosotros por causa del inestimable tesoro que es el matrimonio.[9]

Proteger la libertad religiosa

Los activistas progresistas también están utilizando el tema del matrimonio entre personas del mismo sexo como un modo de atacar el cristianismo y erosionar la libertad religiosa. Cuando un estado aprueba una ley de matrimonio entre personas del mismo sexo, esa ley potencialmente hace que cualquier iglesia que se niegue a casar a personas del mismo sexo sea una iglesia que está fuera de la ley. Ciertamente, esas leyes capacitan a los oponentes de la libertad religiosa para clasificar a la congregación ofensora como un grupo de odio y a los congregantes mismos como intolerantes.

El influyente grupo «guardián» el Southern Poverty Law Center, ya ha etiquetado a las iglesias que están a favor de la familia de esta manera. El doctor Patrick Wooden, pastor de la iglesia Upper Room Church of God in Christ en Raleigh, Carolina del Norte, ha hecho oír su rugido al SPLC. Él ha sido uno de los líderes en la protesta contra la organización.

Wooden le dijo al *Christian Post* que él tenía «un profundo respeto por el trabajo honrado por el tiempo del SPLC». Tras haber dicho eso, Wooden le dijo al *Christian Post* que el SPLC se equivoca al comparar a grupos como el KKK y los cabezas rapadas con «grupos que simplemente creen en el modelo bíblico de matrimonio».[10] Él rechazó fuertemente la idea de que estar en desacuerdo respetuosamente con la agenda progresista se merezca la designación de «grupo de odio».

Estos conflictos se están produciendo en todas partes y en los lugares más inesperados. En abril de 2012, Hutchinson, Kansas, fue noticia cuando su Comisión de Relaciones Humanas ofreció nuevas regulaciones, bajo las cuales una iglesia que pusiera a disposición sus instalaciones al público en general tendría que ponerlas a disposición de las parejas homosexuales.

«[Las iglesias] no podrían discriminar a individuos gays, lesbianas, o transexuales», le dijo Meryl Dye, un portavoz de la comisión, a FOX News. Sabiendo cómo pellizcar una conciencia cristiana, Dye añadió: «Este tipo de protección es análogo a lo que uno encuentra en la discriminación racial».[11] En verdad, el paralelismo es falso, es subversivo. La Biblia nos dice que todos los hombres son hermanos, que todas las personas son un solo pueblo. Hay muchas advertencias contra la exclusión social y étnica. La Biblia, sin embargo, no iguala discriminación étnica con discriminación de personas del mismo sexo. Ningún libro escrito en ninguna cultura hasta hace algunos años estableció este caso.

Si se promulga, la regulación Hutchinson obligaría a las iglesias a apoyar las bodas gay. «Es una colisión entre libertad religiosa y la agenda de LGBT», dijo Matthew Staver, presidente del conservador Liberty Counsel Action. «Esta legislación propuesta finalmente sobrepasará la libertad religiosa que está protegida bajo la Primera Enmienda».[12]

Como ya hemos visto, los educadores son rápidos para hacer avanzar la agenda homosexual en los salones de clase. Como resultado, todo niño en esas clases que intente defender las verdades bíblicas que ha aprendido en casa o en la iglesia deja la puerta abierta a la burla y el fracaso académico. Esta es una manera más en la cual la libertad religiosa se ve amenazada.

Los alumnos que asistieron a la Conferencia Nacional Periodística para Secundaria, patrocinada por la Journalism Education Association, en abril de 2012 recibieron una sacudida no deseada de esta intolerancia inversa. El orador era un defensor gay llamado Dan Savage, el fundador de un conocido proyecto en contra del acoso escolar. Él afirmó que hablaría sobre el acoso escolar; en cambio, él mismo se convirtió en el acosador contra el que iba a advertir a los estudiantes.

Este desafortunado joven enseguida dirigió su discusión hacia la Biblia. Sin ninguna obligación aparente hacia la verdad, afirmó que las personas «con frecuencia» citan la Biblia como la razón para acusar a las personas homosexuales. ¿La solución que él sugirió para este problema imaginario? «Podemos aprender a ignorar la basura en la Biblia sobre las personas homosexuales».

Savage entonces comparó irreverentemente las advertencias de la Biblia sobre la homosexualidad con las de menstruación, masturbación y comer marisco. Si eso no fue suficiente, hizo la absurda y ofensiva afirmación de que, como síntoma de su inherente mal, «la Biblia es un documento radicalmente a favor de la esclavitud». Lo que Savage no dijo, y lo que pocos alumnos habrían sabido, es que los abolicionistas sacaron su inspiración de la Biblia. Como sugiere el ejemplo de Wilberforce, y como mostraré con más detalle más adelante, los cristianos fueron las primeras y casi las únicas personas en librar guerra contra la esclavitud.

Para crédito de ellos, multitud de alumnos se fueron mientras Savage estaba hablando. Su reto, al adoptar su postura, es intentar encontrar la *Imago Dei*, la imagen de Dios, incluso en una persona que se burla de ellos como lo hizo Savage. La ferocidad de su ataque sugería un alma atribulada, un alma que clamaba pidiendo ayuda. Los cristianos repudian el ataque y rugen como respuesta como lo haría un león, pero su meta es la reconciliación, no la venganza. Quieren responder a ese clamor. Quieren hacer convertidos, no enemigos.

Desgraciadamente, los estudiantes que se quedaron parecían ser totalmente inconscientes de la ignorancia bíblica de Savage. Él incluso citó a un ateo declarado, Sam Harris, como la fuente de su información bíblica. Los estudiantes que se quedaron animaron y aplaudieron a Savage.

«¿Cuáles son las probabilidades de que la Biblia estuviera equivocada en algo tan complicado como la sexualidad humana?», preguntó Savage a los estudiantes retóricamente. ¿La respuesta? «El cien por ciento». Entonces afirmó que los golpes a personas homosexuales estaban «justificados por la Biblia», y añadió: «Personas están muriendo porque otras personas no pueden quitar este último obstáculo».[13] El obstáculo en cuestión es la verdad bíblica. Si la nación necesitaba una manifestación visual dramática de la guerra progresiva contra la familia, la fe y el matrimonio, Savage la proporcionó ampliamente. Él y sus aliados no estarán contentos hasta que consigan que ese «obstáculo» sea ilegal.

El matrimonio representa solamente un frente en un asalto amplio sobre la libertad religiosa. En otros diversos frentes, los activistas, que trabajan continuamente mediante el gobierno, buscan debilitar o eliminar esas cláusulas de conciencia que dan inmunidad a instituciones cristianas contra actividades no cristianas obligadas.

Por ejemplo, después de que se aprobaran leyes de «no discriminación» en Massachusetts, organizaciones benéficas católicas decidieron con renuencia poner fin a su servicio de adopción en lugar de situar a niños huérfanos en hogares con personas del mismo sexo violando así su enseñanza moral. En New Jersey, una institución metodista fue amenazada con la pérdida de su estatus de exención de impuestos cuando se negó a permitir que una de sus instalaciones fuese utilizada para ceremonias entre personas del mismo sexo. Para calmar a los tribunales, la institución tuvo que negar el acceso a las instalaciones a todas las parejas. En 2012, más dramáticamente, la secretaria de Salud y Servicios Humanos de Obama obligó a que organizaciones religiosas, junto con otras, cubrieran en sus planes de seguros el costo de proporcionar servicios que ellos consideraban inmorales, como la contracepción, la esterilización y medicamentos inductores de aborto.

Al mismo tiempo que los tribunales están imponiendo mandatos anticristianos a organizaciones religiosas, están alentando a organizaciones anticristianas a forzar la eliminación de simbolismo cristiano de la escena pública. Los ejemplos de esto son demasiado numerosos y demasiado deprimentes para enumerarlos, pero me gustaría añadir aquí un poco de ironía.

Los tribunales con frecuencia citan la Decimocuarta Enmienda a la Constitución como su autoridad para negar al cristianismo su lugar en la vida pública. Quienes redactaron esa enmienda tenían intención de asegurar a los esclavos libres todos los derechos legales de los demás ciudadanos, y por eso escribieron: «Ningún estado creará o hará cumplir ninguna ley que reduzca los privilegios o las inmunidades de los ciudadanos de Estados Unidos».

Casi sesenta años después de su aprobación, la Corte Suprema metió en su cabeza que quienes redactaron esta enmienda, además de proteger los derechos de los esclavos, esperaban evitar que estados y municipios respaldaran el cristianismo. Los tribunales insistieron en que la provisión de la Primera Enmienda de que el *Congreso* no haga ninguna ley «con respecto al establecimiento de la religión o prohibiendo el libre ejercicio de ella» se aplicaba también al gobierno local.

Andrew Johnson era el presidente en la época en que la Decimocuarta Enmienda fue proclamada ley. Él apoyó su aprobación. Este es el mismo Andrew Johnson que dijo: «Cristo primero, nuestro país después»; el mismo Andrew Johnson que esperaba tomar «la bandera de nuestro país y clavarla ante la cruz». Ahora, los tribunales le están diciendo a Norteamérica que Johnson y sus aliados, los hombres que aprobaron la Decimocuarta Enmienda por medio del Congreso, ¿tenían la intención de ver las oraciones prohibidas en grupo en los partidos de fútbol de secundaria? Yo no lo creo.

A menos que los cristianos del reino permanezcan juntos y rechacen estas afrentas a la libertad religiosa, los activistas anticristianos y sus involuntarios aliados en los medios persistirán. Seguirán demandando una concesión tras otra. Las sanciones que imponen pasarán del ostracismo social a la acción civil, y con bastante posibilidad, al juicio y el encarcelamiento. En Canadá, el clero cristiano ya ha sido procesado por *recordar* a sus congregantes las sanciones bíblicas contra la homosexualidad.

Es necesaria cierta valentía para hacer oír el rugido de alguien en la actual atmósfera, pero se necesita menos valentía ahora de la que será necesaria dentro de algunos años, cuando el costo de hablar podría ser considerablemente más elevado.

Defender la vida

En 1973, en el famoso caso conocido como Roe v. Wade, activistas de la Corte Suprema eliminó de los libros las leyes de los cincuenta estados y declaró el aborto un «derecho» constitucional. Desde la decisión de Dred Scott casi un siglo antes, la que declaró a los esclavos «propiedad», el tribunal no había hecho tanto daño a tantas personas con solo una rúbrica de la pluma.

En los años después de Roe, la industria del aborto y sus aliados en las filas feministas y los medios de comunicación han peleado una guerra sucia para seguir manteniendo el aborto como un «derecho» que no puede ser desafiado por los votantes. Esta es una guerra en la cual demasiados cristianos han buscado una prórroga. No debiéramos haberlo hecho. Ningún tema es más fundamental. La Declaración de Manhattan habla a este punto:

> Un testimonio cristiano verdaderamente profético llamará insistentemente a aquellos a quienes se les ha confiado el poder temporal a cumplir la primera responsabilidad del gobierno: proteger a los débiles y los vulnerables contra el ataque violento, y hacerlo sin ningún autoritarismo, parcialidad o discriminación.

En ningún lugar esta guerra ha sido más sucia que en el estado de Kansas. Esto es irónico, dado que Kansas, el «estado libre», se argumenta que tiene la fundación más noble de cualquier estado en la unión. Como telón de fondo, el Congreso aprobó el Acta Kansas-Nebraska en 1854, que permitía a los ciudadanos de los dos estados recién formados votar en cuanto a si su estado sería esclavo o libre.

Esto no fue un problema en Nebraska, cuyas cortes gobernó en contra de la esclavitud, pero sí lo sería en Kansas. Inmediatamente después de la aprobación, colonos a favor de la esclavitud de la vecina Missouri comenzaron a llegar en masa.

De modo parecido a los firmantes de la Declaración de Manhattan, diecinueve ministros protestantes en la zona de Boston distribuyeron una circular instando a sus congregantes a mudarse a Kansas bajo los auspicios de New England Emigrant Aid Company, creyendo «que ninguna obra cristiana demandada esfuerzo más que la obra de poblar Kanzas (sic) de hombres y mujeres que estuvieran resueltos a hacerla libre».[14]

Respondiendo al llamado de Dios, cristianos de Nueva Inglaterra y otras partes lo abandonaron todo, levantaron sus tiendas y se mudaron a Kansas para mantener el estado fuera de las manos de los tratantes de esclavos. Como registró la Historia, los cristianos prevalecieron en la «sangrante Kansas», pero, tal como el nombre sugiere, no sin una gran cantidad de dificultades y derramamiento de sangre.

Eli Thayer, uno de los líderes de las fuerzas abolicionistas, le dijo al Congreso en 1851: «Si damos gracias a Dios por los patriotas, también deberíamos darle las gracias por los tiranos; porque ¿qué grandes logros han realizado alguna vez los patriotas sin el estímulo de la tiranía?».[15] Esto es parecido a la situación que afrontó el devotamente cristiano Phill Kline cuando por primera vez fue candidato a fiscal general del Estado en 2002.

Bien parecido y con buenas maneras, Kline era un republicano en un estado rojo, pero muchos políticos de ambos partidos hace tiempo que habían vendido sus almas para mantener el poder y los beneficios de la posición. Al estar sin disculpa alguna a favor de la vida, Kline había ayudado varios años antes a hacer un borrador de una legislación para desalentar los abortos en gestación avanzada. La nueva ley les permitía solamente proteger la vida de la mujer o evitarle sufrir «incapacidad sustancial e irreversible de una función corporal principal».

La nueva ley debería haber puesto fin al negocio del doctor George Tiller. En ese tiempo, su práctica sin escrúpulos había convertido a la improbable Kansas en la capital mundial del aborto en gestación avanzada. Llegaban mujeres de todas partes del mundo a Wichita porque Tiller había aprendido a manipular el sistema para permanecer en el negocio.

Él donaba suficiente dinero a las personas correctas para asegurarse de que las duras leyes del estado sobre el aborto fueran en gran parte incumplidas. Cuando Kline lanzó su sombrero al cuadrilátero en 2002, Tiller intentó expulsarlo; invirtió cientos de miles de dólares en campaña para derrotar a Kline. Aunque Kline prevaleció, el dinero convirtió una posible victoria aplastante en una victoria estrecha. Un cristiano menos comprometido habría pronosticado la situación y evitado la controversia, pero Kline sabía que Tiller tenía que estar violando la ley de la manera más letal.

Las cifras que salían de la clínica de Tiller solo habían estado aumentando desde que la ley más dura se había aprobado. Lo que Kline descubrió cuando finalmente se aseguró los informes de Tiller fue que el «doctor» aceptaba prácticamente cualquier razón que ofreciera una muchacha para querer un aborto; por ejemplo: «Los caballos son mi vida, y tener un hijo cambiaría eso por carreras de barriles» e interpretarlo como «una minusvalía sustancial e irreversible de una función corporal importante».

Dado que bebés plenamente listos para nacer eran asesinados por rutina, Kline creía que Tiller y Planned Parenthood deberían haber sido ambos responsables ante la ley. Cuando Kline comenzó a emprender la acción, el otro lado respondió con dureza. Kline comenzó un descenso a un infierno orquestado por el patrocinador más poderoso de Tiller, la gobernadora demócrata del estado: Kathleen Sebelius.

Con el dinero de Tiller respaldándola, Sebelius persuadió a un popular político republicano para que cambiase de partido y se presentara por los demócratas en contra de Kline. Unos medios de comunicación muy corruptos ayudaron a destruir la reputación de Kline y empujaron a su oponente hasta la cima. Además, por su sesgada cobertura de la campaña, el *Kansas City Star* ganó el premio nacional de honor de Planned Parenthood para 2006.

No contentos con expulsar a Kline del puesto y del estado, Sebelius y sus aliados dejaron en la bancarrota a Kline por medio de una interminable serie de acusaciones éticas profundamente falaces que él se vio obligado a afrontar por sí solo. En el proceso, ellos esperaban desalentar a cualquier otro fiscal general del Estado para que no hiciera lo que Kline había intentado hacer. Kline no se amedrentó. En un discurso en 2008 en el Foro Eagle en St. Louis, Kline resumió perfectamente el mensaje que está incrustado en el nexo de la cruz:

> El fundamento de la ley es la verdad, y el autor de la verdad es el Dios todopoderoso. Y sin el reconocimiento del autor, no hay ninguna ley. Nuestro llamado es sencillo. Es estar firmes y proclamar verdad y gracia, y tener fe en que Dios siempre está obrando sus maravillas. Eso es lo que nos da nuestra valentía. Eso es lo que nos da nuestra esperanza. Eso es lo que nos permite entrar en los rincones oscuros del mundo y llevar luz.[16]

Si Sebelius y sus personas designadas en la judicatura esperaban que Kline diese vueltas como un cordero, de algún modo se confundieron ellos mismos con el Buen Pastor. Kline respondió rugiendo como un león, sin remordimientos sobre su fe y su compromiso con la vida. En la página del título de su respuesta al panel disciplinario de la judicatura, citó el salmo 70, en el cual el rey David pide a Dios: «Sean avergonzados y confundidos los que buscan mi vida; sean vueltos atrás y avergonzados los que mi mal desean». Los medios quedaron horrorizados.

Sebelius tuvo éxito, al menos temporalmente, porque demasiados de los buenos políticos cristianos en Kansas le observaron perseguir al «extremista» Kline y no dijeron nada por temor a ser salpicados por los medios de comunicación. Como destaca la Declaración de Manhattan, oficiales electos de ambos partidos políticos importantes han sido «cómplices en dar sanción legal a lo que el Papa Juan Pablo II describió como "cultura de la muerte"».

Al permanecer callados en Kansas, los políticos republicanos permitieron que la demócrata Sebelius se convirtiera en Secretaría de Sanidad y Servicios Humanos de Obama. En esa posición, pudo manejar la guerra de la administración contra la libertad religiosa. Esos republicanos solo tienen a ellos mismos a quien culpar.[17]

«Como cristianos, nos tomamos en serio la advertencia bíblica de respetar y obedecer a quienes están en autoridad», dice la Declaración de Manhattan. «Sin embargo, leyes que son injustas, y especialmente leyes que pretenden obligar a los ciudadanos a hacer lo que es injusto, minan el bien común en lugar de servirlo». La declaración continúa: «A lo largo de los siglos, el cristianismo ha enseñado que la desobediencia civil no solo está permitida sino que a veces se requiere». La declaración concluye con este potente rugido:

> Debido a que honramos la justicia y el bien común, no cumpliremos con cualquier edicto que pretenda obligar a nuestras instituciones a participar en abortos, investigación destructiva de embriones, suicidio asistido y eutanasia, o cualquier otro acto en contra de la vida; tampoco nos inclinaremos a ninguna norma que pretenda obligarnos a bendecir las parejas sexuales inmorales, tratarlas como matrimonios o equivalente, o refrenarnos que proclamar la verdad, tal como la

conocemos, sobre moralidad, inmoralidad, matrimonio y familia. Daremos plenamente y generosamente a César lo que es de César. Pero bajo ninguna circunstancia daremos a César lo que es de Dios.

11.
Reconciliar Plymouth Rock con Jamestown

Nuestra fe es transparente, trascendente y transformadora. Nuestra fe nos enseña a cruzar obstáculos, derribar muros, abrirnos paso entre multitudes y caminar sobre lo imposible, incluso en medio de las tormentas. Nuestra fe nos capacita para sobrevivir a los fuegos de la vida, sobreponernos al foso de leones, silenciar serpientes, y ser más astutos que el zorro. Nuestra fe nos enseña a ver lo invisible, a aceptar lo imposible y a esperar lo increíble.

Nuestra fe nos prepara para el diluvio y nos recompensa con un arco iris. Nuestra fe proporciona las piedras: algunas para hablar, otras para lanzar, otras para rodar y, sobre todo, la Piedra viva sobre la que estar firmes.

Nuestra fe es la fe que primero los peregrinos y después los puritanos llevaron hasta las costas de Nueva Inglaterra. Puede que ésta no sea la única práctica de nuestra nación, pero es la fe tan segura en sí misma que invita a otras fes a competir en el libre mercado de las ideas religiosas. Esta extraordinaria fe proporcionó el fundamento moral y espiritual para lo que denominamos la «experiencia americana».

Estas profundas raíces cristianas han ayudado a hacer que Estados Unidos sea una nación como ninguna otra. Algunos se refieren a nuestra distintiva autoconfianza como «excepcionalismo estadounidense», la creencia en que Dios está guiando nuestro destino de manera única. George Washington ciertamente creía eso. En la secuela de la exitosa Revolución Americana dijo: «Estoy seguro de que nunca hubo un pueblo que haya tenido más razón para reconocer una interposición divina en sus asuntos, que el pueblo de Estados Unidos».[1]

Sentado con Marc Nuttle, anterior oficial de la administración Reagan y enlace con la anterior Unión Soviética, escuché la definición más concisa de nuestro excepcionalismo que he oído nunca. Marc me miró y dijo: «Samuel, es sencillo. Nosotros somos la única nación que se sostiene sobre la creencia de que el orden jerárquico de autoridad yace en lo siguiente: Dios por encima del hombre y el hombre por encima del gobierno».

Los estadounidenses habían estado reconociendo la mano de Dios por más de 150 años antes de la Revolución. En la primera parte del siglo XVII, se realizaron varios esfuerzos por establecer colonias en las zonas controladas por los británicos del nuevo mundo. Las colonias en Plymouth y en Massachusetts Bay fueron establecidas por un pueblo temeroso de Dios que recorrió los océanos no para reunir riquezas sino para practicar su fe con libertad.

A medida que aquellos seguidores de Cristo y creyentes en la Biblia se establecían en Nueva Inglaterra, una clase diferente de personas se estaba estableciendo en la zona alrededor de Jamestown, Virginia. Eran empresarios y hombres de comercio. Aunque al menos nominalmente cristianos, su colonia no tenía otro propósito mayor que el de generar un beneficio de los dólares de sus inversores, o el equivalente en el siglo XVII. Aquellos colonos buscaban ampliar la carpa de la oportunidad económica y extender los cofres del centro neurálgico inglés.

Sin duda alguna, la experiencia americana colectiva descansa sobre el ADN fundacional de los importantes asentamientos iniciales de Jamestown y Plymouth Rock. En Virginia, el enfoque estaba en el comercio, los mercados y los beneficios. Al norte, en Nueva Inglaterra, los puritanos se enfocaban en el libre ejercicio de la fe por medio de los conductos de conversiones, adoración, comunidad y servicio.

En esencia, nuestra nación comenzó, y sigue reflejando, las capas mitocondriales de fe y mercados, profetas y beneficios, catedrales y bancos. A veces parece que Plymouth Rock y Jamestown están yuxtapuestos, aparentemente en desacuerdo. Una pregunta surge ahora y ha surgido a lo largo de nuestra historia: ¿pueden estas dos hebras unirse en torno al nexo del bien común?

Sí, sin duda alguna. Plymouth y Jamestown compartían una herencia común. Aunque sus enfoques eran obviamente diferentes, ambas eran colonias cristianas y ambas creían en la libre empresa. Tal como sucedió, la intensa naturaleza de la fe de los de Nueva Inglaterra, unida con su prudencia y fortaleza, permitió que Nueva Inglaterra prosperase mientras que la colonia en Virginia batallaba a pesar del mayor subsidio por parte del país de origen.

El experimento de Nueva Inglaterra

Lo que el experimento de Nueva Inglaterra estableció, por primera vez en ningún lugar, fue que un pueblo libre, temeroso de Dios, sobrio y autorregulatorio casi inevitablemente creaba riqueza. Con el tiempo, Virginia creó también una gran riqueza, pero la suya fue creada sobre las espaldas de la esclavitud, una patología insostenible, y de la cual nunca nos hemos recuperado por completo.

Vale la pena explorar la experiencia de Nueva Inglaterra, ya que ofrece perspectivas para un futuro exitoso. Después de un difícil viaje de sesenta y seis días a bordo del pequeño y destartalado *Mayflower*, un grupo de separatistas religiosos se refugiaron en lo que ahora se conoce como Puerto Provincetown. Era el mes de noviembre, del año de Nuestro Señor 1620. Allí, los peregrinos, como llegaron a ser conocidos, crearon y firmaron un contrato social para gobernarse a sí mismos en esta nueva tierra. Este «Acuerdo de Mayflower» estableció el tono para el modo en que los estadounidenses considerarían su relación con Dios y el modo en que la expresarían. Dice en parte:

> Al haber realizado para la gloria de Dios, y el avance la fe cristiana, y el honor de nuestro rey y del país, un viaje para plantar la primera colonia en las partes norteñas de *Virginia*; los aquí presentes, solemnemente y mutuamente, en la presencia de Dios y de los demás, acordamos y nos combinamos a nosotros mismos en un cuerpo civil político, para nuestro mejor ordenamiento y preservación, y para el avance de los fines mencionados anteriormente.[2]

Observemos que aquellos peregrinos originales pusieron «Dios» y «fe» por delante de «rey y país». Su agenda no era de izquierdas o de derechas, liberal o conservadora. La de ellos era una agenda del Cordero.

En aquellos primeros años desesperados, casi la mitad de los peregrinos murieron antes del día de Acción de Gracias de 1621, los peregrinos batallaron por encontrar una manera de honrar los planos vertical y horizontal de la cruz. Contrariamente a las creencias actuales, ellos inmediatamente establecieron la paz con los indios locales, y no habrían sobrevivido sin la ayuda de ellos. En aquellos primeros años, la lucha interna causó la mayoría de sus problemas.

El coronel William Bradford, gobernador de la colonia de Plymouth, describió la naturaleza del conflicto después de que se hubiera resuelto el problema. Bradford escribió lo siguiente en 1623. Él y sus colegas necesitaron menos de tres años para descubrir cómo funcionaba en realidad el mundo real y cómo encauzarlo. Este pasaje es un poco extenso y no es el más fácil de leer, pero es uno de los documentos más importantes en la historia del cristianismo en Estados Unidos, así que préstele su máxima atención:

> Todo esto mientras no se oía de ninguna provisión, ni tampoco ellos sabían cuándo podrían esperar alguna. Por tanto, comenzaron a pensar cómo podrían reunir tanto maíz como fuese posible, y obtener una mejor cosecha de la que habían obtenido, para ser capaces de no seguir languideciendo en la miseria.
>
> Finalmente, después de mucho debatir las cosas, el Gobernador (con el consejo de los principales entre ellos) cedió a que deberían otorgar maíz a cada hombre para sus propios fines, y a ese respecto confiar en sí mismos; en todas las demás cosas, continuar de la manera general como antes. Y por tanto, asignó a cada familia una parcela de tierra, según la proporción de su número, para ese fin y solo para uso presente (pero no utilizó división alguna para herencia) y situó a todos los muchachos y jóvenes bajo alguna familia. Esto tuvo mucho éxito, porque hizo que todas las manos fuesen muy diligentes, de modo que se plantó más maíz que del que de otro modo se habría plantado por cualquier medio que el gobernador o cualquier otro pudiera utilizar, y le ahorró una gran cantidad de problemas, y le hizo estar mucho más contento. Las mujeres ahora salieron dispuestas a los campos, y se llevaron a sus pequeños con ellas para plantar maíz; a lo cual antes habrían alegado debilidad e incapacidad; a las cuales si se les hubiera obligado, se habría considerado una gran tiranía y opresión.
>
> Esa experiencia tenía en ella este común curso y condición, probados varios años y entre hombres piadosos y sobrios, bien puede manifestar la vanidad de ese concepto de Platón y de

otros antiguos aplaudidos por algunos en tiempos posteriores; que la expropiación de la propiedad y reunir la comunidad en una mancomunidad les haría felices y florecientes; como si ellos fuesen más sabios que Dios. Porque esta comunidad (en cuanto a cómo era) fue fundada para alimentar mucha confusión y descontento, y retardar mucho empleo que habría resultado para beneficio y comodidad de ellos. Porque los jóvenes, que eran más capaces y adecuados para el trabajo y el servicio, se afligieron por tener que emplear su tiempo y su fuerza para trabajar para las esposas de los hijos de otros hombres sin recompensa alguna. Los fuertes no obtenían más en la división de víveres y ropas que quienes eran débiles e incapaces de trabajar una parte de lo que el otro trabajaba; eso era considerado injusticia. Que los hombres viejos y más graves fuesen situados e igualados en trabajos y víveres, ropas, etc., con los más humildes y más jóvenes, se consideraba cierta indignidad y falta de respeto hacia ellos. Y en cuanto a que a las esposas de otros hombres se les ordenase realizar servicio para otros hombres, como preparar sus comidas, lavar sus ropas, etc., se consideraba cierto tipo de esclavitud, y tampoco muchos esposos podían tolerarlo.

En cuanto al punto de que todos fuesen iguales, y a todos les fuese igualmente, ellos se consideraban de igual condición, y uno tan bueno como el otro; por tanto, si eso no cortaba las relaciones que Dios había establecido entre los hombres, sin embargo al menos si las disminuyó mucho y eliminó el respeto mutuo que debería haberse preservado entre ellos. Y habría sido peor si ellos hubieran sido hombres de otra condición. Que nadie objete que esto es corrupción de los hombres, y nada en cuanto al curso en sí mismo. Yo respondo: al ver que todos los hombres tienen esta corrupción en ellos, Dios en su sabiduría vio otro curso más adecuado para ellos.[3]

En breve, lo que los peregrinos hicieron fue intentar un experimento con el socialismo; como podría haberlo parafraseado Karl Marx: «De cada uno según su capacidad, a cada uno según sus necesidades». No funcionó. Nunca funciona. El esfuerzo no produjo alimento adecuado ni otras provisiones. Lo que sí produjo fue fricción y celos. Bradford y sus colegas llegaron a considerar todo el experimento no natural, incluso blasfemo. Aprendieron que ellos no eran «más sabios que Dios». También aprendieron que «quitar la propiedad y reunir la comunidad en una mancomunidad» no les hacía ser «felices y florecientes». Precisamente lo contrario; de hecho, les hizo ser infelices y empobrecidos.

Esta es una lección difícil de entender para quienes predican «justicia económica» y creen que el gobierno satisface todas las necesidades de sus ciudadanos. Como aprendió Bradford, eso no necesariamente funciona, incluso cuando lo intentan «hombres piadosos y sobrios». Cuando lo prueban personas hostiles o indiferentes a Dios, los resultados pueden ser desastrosos. Por eso hay tanto en Estados Unidos que depende de las personas que extienden el plano horizontal de la cruz en sus propias empresas. Sí, el gobierno tiene su papel, pero no podemos ceder nuestra propia responsabilidad a sus agentes, quienes puede que tengan o no en el corazón el mejor interés de quienes sufren.

Una ciudad sobre un monte

Si no un paraíso socialista, ¿cómo podría verse entonces una Norteamérica piadosa? Escribiendo siete años después del ensayo de Bradford sobre socialismo, el puritano John Winthrop hizo un sofisticado intento de responder esta pregunta. Él sirvió sus pensamientos en forma de un sermón titulado «Un modelo de caridad cristiana», que dio mientras aún estaba a bordo del barco *Arabella*. Él y sus compañeros puritanos estaban a punto de establecerse en la colonia de Massachusetts

Bay. Aunque no pertenecía a la denominación de Bradford, Winthrop llegó a muchas de las mismas conclusiones.

En su primer párrafo, Winthrop estableció que lo que nosotros consideramos igualdad económica no es exactamente parte del plan de Dios para el hombre. «DIOS TODOPODEROSO en su más santa y sabia providencia», escribió Winthrop, «ha dispuesto así la condición de la humanidad: que en todos los tiempos algunos deben ser ricos, algunos pobres, algunos elevados y eminentes en poder y dignidad; otros humildes y en sumisión».

Con todo eso dicho, los cristianos tienen una obligación moral de compartir lo que sí tienen. Aquí, Winthrop citó la primera carta de Pablo a los Corintios: «Vosotros, pues, sois el cuerpo de Cristo, y miembros cada uno en particular» (12.27). Winthrop explicaba que esto significa que todas las partes del cuerpo «al estar así unidas son hechas contiguas en una relación especial de modo que necesitan participar de la fuerza y la firmeza las unas de las otras; alegría y tristeza, prosperidad y miseria».

Winthrop citó varios versículos bíblicos para reforzar su punto:

1 Juan 3.16: «también nosotros debemos poner nuestras vidas por los hermanos».

Gálatas 6.2: «Sobrellevad los unos las cargas de los otros, y cumplid así la ley de Cristo».

1 Corintios 12.26: «De manera que si un miembro padece, todos los miembros se duelen con él, y si un miembro recibe honra, todos los miembros con él se gozan».

Winthrop escribió elocuentemente y con el mismo lenguaje utilizado por quienes tradujeron la Biblia King James. Al ser eso así, no veo necesidad de parafrasear la visión que tenía Winthrop para esta nueva colonia. Sus propias palabras son más que suficientes:

> Debemos cuidarnos los unos a los otros con afecto fraternal. Debemos estar dispuestos a evitarnos a nosotros mismos nuestros propios excesos, por causa de las necesidades de los demás. Debemos sostener un comercio familiar todos juntos en toda bondad, amabilidad, paciencia y liberalidad. Debemos deleitarnos en los demás; hacer propias las condiciones de los demás; regocijarnos juntos, llorar juntos, trabajar juntos, siempre teniendo delante de nuestros ojos nuestra comisión y comunidad en el trabajo, como miembros del mismo cuerpo.

En este punto en su sermón es donde Winthrop pasó a un entendimiento más completo del excepcionalismo norteamericano. Esta nueva colonia no solo tenía un contrato distintivo con Dios, sino que también tenía una responsabilidad de hacer que ese contrato fuese un modelo para que todos lo emulasen. «Porque debemos considerar que seremos como una ciudad sobre un monte», escribió Winthrop para todos los tiempos. «Los ojos de todas las personas están sobre nosotros».[4] Winthrop tomó esta referencia de la parábola de la sal y la luz en el Sermón del Monte: «Vosotros sois la luz del mundo; una ciudad asentada sobre un monte no se puede esconder» (Mateo 5.14).

Este tema fue preservado para el futuro por Francis Scott Key, quien escribió lo que llegaría a ser el himno nacional como un poema en 1814. Aunque en gran parte nacionalista en tono, el «Star Spangled Banner» de todos modos hace una apelación directa a la intervención divina. La estrofa final contiene esta letra:

> *A Dios quien nos dio paz, la libertad y honor,*
> *nos mantuvo nación con fervor, bendigamos.*
> *Nuestra causa es el bien, y por eso triunfamos*
> *siempre fue nuestro lema: «En Dios confiamos».*

Este poema supone poco sobre la relación de Estados Unidos con Dios. Sí, puede que seamos una «nación con fervor», creada y preservada por Dios, pero podemos esperar conquistar solamente cuando nuestra causa sea «el bien». Los himnos posteriores de Estados Unidos eran incluso más específicos al reforzar la idea de que la buena voluntad de Dios había que pedirla y ganársela.

Consideremos la canción «América», cuyas líneas, «El Dios de nuestros padres para ti/Autor de la libertad», deja claro quién es la fuerza vital que está detrás de la existencia misma de Estados Unidos. Escrita en 1831 por Samuel Francis Smith, la canción concluye con una apelación directa a la continuada buena voluntad de Dios: «Sea nuestra tierra brillante por mucho tiempo/con la santa luz de la libertad;/protégenos por tu fuerza, gran Dios, nuestro Rey».

«América la Hermosa», cuya letra fue escrita en 1895 por Samuel Ward, continúa con el tema. En su primera estrofa, Ward pedía que Dios «derrame su gracia» sobre la nación. En la segunda estrofa, pedía: «Dios arregle cada falta/Confirme tu alma en autocontrol/¡tu libertad en la ley!». Aquí, Ward reconocía los fallos humanos, incluso en un experimento tan bendito como el de América. En la penúltima estrofa, pidió una bendición particular de parte de Dios de modo que «el interés egoísta ya no permanezca/¡La bandera de los libres!».

Quizá el más popular de nuestros himnos, «Dios bendiga América», fue escrito en 1918 como un llamado a las armas durante la Primera Guerra Mundial. No fue publicado, sin embargo, hasta 1938 cuando el compositor Irving Berlin, que era judío, modificó la canción para servir en cierto modo de protesta al ascenso nazi. Esta canción sería identificada para siempre con su cantante original, Kate Smith, que era sureña, católica e icónicamente grande. La primera estrofa, que rara vez se canta, describe la canción como una «solemne oración». La segunda estrofa, la que todos conocemos, pide concretamente la guía divina.[5]

«ESTA TIERRA ES TU TIERRA»

Solamente un popular himno estadounidense se disocia a sí mismo de Dios, y es el clásico de Woody Guthrie de 1956: «Esta tierra es tu tierra». Aunque Guthrie nos dice: «Esta tierra fue hecha para ti y para mí», no da indicación alguna de quién podría haberla hecho. No debería ser ninguna sorpresa que Guthrie fuese un simpatizante declarado, si no un miembro, del partido comunista en toda su vida adulta.

El himno de Guthrie le debe menos a sus antecedentes estadounidenses de lo que le debe a «La Marsellesa», el himno nacional francés escrito en 1792, adoptado por el nuevo gobierno republicano en 1795, y originalmente titulado «Canción de guerra para el ejército del Rin». En este canto sangriento y vengador, hay solo una referencia a Dios, y esa, «¡Grand Dieu!», es más una irreverencia que una oración. La estrofa final no apela a Dios, el «Autor de la libertad» como se le describe en «América», sino a la «Libertad» encarnada:

> *Libertad, libertad querida,*
> *pelea con tus defensores.*
> *Que la victoria acuda bajo tus banderas*
> *al oír tus varoniles acentos.*
> *Que tus enemigos moribundos*
> *vean tu triunfo en nuestra gloria.*[6]

La Revolución francesa que inspiró este canto fue impía, y el himno lo refleja. Su «Declaración de los derechos del hombre y del ciudadano», escrita en el mismo año en que se puso en práctica nuestra Constitución, 1789, no da lugar al «Creador» como lo hace la nuestra. Sí reconoce a un «Ser supremo», en cuya presencia se ha redactado la declaración, pero no hay ninguna relación implícita entre esa entidad y los ciudadanos del estado. «El principio de que toda soberanía reside esencialmente en la nación», insiste la declaración francesa. «Ningún cuerpo ni tampoco individuo puede ejercer ninguna autoridad que no proceda directamente de la nación».

Como contraste, los derechos de los ciudadanos estadounidenses son otorgados «por su Creador» y, por tanto, son «inalienables». El estado no puede quitárselos. Aunque la Constitución de Estados Unidos es más legalista que la Declaración, su preámbulo observa que uno de sus propósitos es «asegurar las bendiciones de la libertad». Esto refuerza la idea en la Declaración de que nuestros derechos son una bendición otorgada por Dios.

También, el primer dictado de la primera enmienda a la Constitución dice lo siguiente: «El Congreso no hará ninguna ley con respecto al establecimiento de la religión, o prohibiendo el libre ejercicio de ella».[7] Los fundadores entendían lo profundamente esencial que era la práctica libre de nuestra fe cristiana para el éxito de nuestra empresa nacional.

Destino manifiesto

El eslogan que ha llegado a representar el excepcionalismo estadounidense, en especial en su fase expansionista, es «destino manifiesto». La frase fue acuñada por primera vez en 1845 por un editorialista irlandés americano para justificar la anexión de Texas y el Territorio de Oregón. Nuestro destino, tal como John O'Sullivan y otros lo consideraban, era extendernos «de uno al otro extremo del mar», una idea preservada en «América la Hermosa».

Aunque de trasfondo católico, O'Sullivan probablemente no era practicante. El ensayo en el cual aparece la frase por primera vez, «Anexo», no hace referencia alguna a Dios o a Cristo. O'Sullivan preguntaba por qué los ciudadanos permanecían pasivos a la vez que otras naciones intentaban «buscar el cumplimiento de nuestro destino manifiesto a extender el continente otorgado por la Providencia para el libre desarrollo de nuestros millones que se multiplican cada año».[8]

Hay quienes creen que Estados Unidos ya había perdido su camino en 1845, que su impulso de conquistar y expandirse había costado a la nación su vínculo único con Dios. La verdad era que la nación había estado en guerra con ella misma desde el comienzo.

En 1628, William Bradford tuvo que tratar con un contingente de no peregrinos en medio de ellos que no encontraba uso alguno para un acuerdo divino. Ellos llamaron a su enclave «Merrymount» y no eran tímidos a la hora de presumir de su paganismo. «También levantaron un "palo de mayo", (o danza de cintas), bebiendo y bailando en torno a él muchos días, invitando a las mujeres indias como sus consortes, bailando y jugueteando juntos como muchas mariposas, o más bien como locos; y peores prácticas», escribió un indignado Bradford. «Como si hubieran reavivado de nuevo y celebrado las fiestas de la diosa romana impía Flora, o las prácticas bestiales de las locas bacanales».[9] Arraigado como estaba en lo demoniaco, Merrymount no perduró mucho tiempo como para tener importancia.

La verdadera presión sobre el acuerdo divino tenía más que un punto de apoyo en la razón. Se derivaba del eterno deseo del hombre de tener más: más riqueza, más poder, más tierra. Este deseo se levantaba en contra de la agenda del Cordero a principios de la década de 1830 cuando el presidente Andrew Jackson autorizó el «Indian Removal Act» (Acta de Remoción de los Indios) que condujo al infame «Trail of Tears» (Camino de lágrimas). Para sorpresa de él, activistas cristianos se resistieron, y el fervor de su protesta le alarmó. Principalmente entre ellos estaba el líder misionero y editorialista cristiano Jeremiah Evarts. Como fue cierto de muchos activistas de esta época, Evarts había sido vigorizado por el Segundo Gran Despertar.

Al igual que Winthrop, Evarts creía que Estados Unidos tenía la obligación moral de ser un «faro de bondad» para el mundo, que hiciera brillar la luz de la justicia y la moralidad a todos los rincones. Él temía el castigo de Dios en caso de que ignorásemos nuestro llamado. «Que una Providencia misericordiosa disipe de este país la horrorosa calamidad de exponernos a la ira del cielo», escribió, «como una consecuencia de no escuchar los clamores de los pobres y los indefensos, y de pervertir con propósitos de crueldad y opresión, ese poder que nos ha sido dado para fomentar la felicidad de nuestros congéneres».[10]

Durante los primeros años de la República, una batalla incluso más intensa se estaba librando entre las fuerzas a favor de la esclavitud y los cristianos que se oponían a ellas. Aunque la esclavitud ha existido casi en todo lugar desde la caída, el abolicionismo es una invención puramente cristiana. Thomas Jefferson, aunque no era una persona particularmente religiosa, se preocupaba, al igual que Evarts, de que Estados Unidos hubiera violado su acuerdo divino en su tolerancia de la esclavitud. Como dueño de esclavos, Jefferson tenía buenas razones para sentirse ansioso. Él escribió en su libro *Notas sobre el Estado de Virginia*:

> Dios, que nos dio vida nos dio libertad. ¿Y pueden las libertades de una nación considerarse aseguradas cuando hemos eliminado su única base firme, una convicción en las mentes de las personas de que estas libertades son el regalo de Dios? ¿Que no han de ser violadas sino por la ira de Él? Ciertamente, tiemblo por mi país cuando reflexiono en que Dios es justo; que su justicia no puede dormir para siempre.[11]

La lucha por liberar a los esclavos hizo participar a las mujeres cristianas tanto como a los hombres, y les introdujo al campo de batalla político, un lugar en el que ellas no se habían aventurado anteriormente en la historia de nadie. La mujer más influyente en el movimiento, quizá la persona más influyente independientemente del sexo, fue Harriet Beecher Stowe. Su novela de éxitos de ventas en 1852, *La cabaña del tío Tom*, alertó a los estadounidenses comunes al horror humano de la esclavitud. Al conocer a Stowe, se atribuye a Abraham Lincoln haber dicho: «Así que esta es la pequeña señora que comenzó esta gran guerra». Acerca del libro, Stowe destacó: «Yo no lo escribí. Dios lo escribió. Yo meramente seguí su dictado».[12]

En los años siguientes a la Guerra Civil, las facciones políticas batallaron sobre el significado del excepcionalismo estadounidense. Algunos lo consideraban con el mismo espíritu profundamente cristiano que lo hicieron Winthrop y Bradford. Otros como O'Sullivan veían el concepto en términos solo vagamente cristianos y añadieron un giro más militante, incluso imperialista. Nadie dio voz a este concepto más precisamente que el presidente Ronald Reagan. Consideremos lo siguiente del anuncio de Reagan de que iba a presentarse a la presidencia en noviembre de 1979:

> Una humanidad turbada y afligida mira hacia nosotros, rogándonos que mantengamos nuestro encuentro con el destino; que mantengamos en alto los principios de autoconfianza, autodisciplina, moralidad y, por encima de todo, libertad responsable para cada individuo a fin de que lleguemos a ser esa ciudad brillante sobre un monte.[13]

Aunque no fue un discurso explícitamente cristiano, y Reagan citó a Winthrop y no a Jesús, los instruidos bíblicamente conocían la fuente de Reagan y su inspiración. Como muchos de sus antepasados, la gracia de Dios no era algo que Reagan daba por sentado. Reagan citó la sección crítica en el sermón de Winthrop, «una ciudad sobre un monte», donde él decía: «Si tratamos falsamente con nuestro Dios en esta obra que hemos emprendido, y por tanto hacemos que Él retire su ayuda presente de nosotros, seremos constituidos en una historia y daremos qué hablar en todo el mundo».[14] Con la bendición de Dios, entendían tanto Winthrop como Reagan, llega la responsabilidad.

Donde Estados Unidos difiere del resto del mundo occidental es que el debate continúa aquí, y lo hace de manera vigorosa. La diversidad misma de las iglesias cristianas en Estados Unidos nos ha ayudado a evitar el frío institucionalismo de las iglesias del estado europeo. Nuestras iglesias siguen vivas; las de ellos no. Además, no fue hasta 1954 que la frase «bajo Dios» fue añadida al Juramento de Fidelidad.

PONER A TRABAJAR EL EXCEPCIONALISMO

Imagine por un momento el acta de reinversión de una comunidad autoencendida y colectiva. Imagine que quienes escribieron el acta lo hicieron no como una estrategia de relaciones públicas sino más bien para aumentar la justicia y la caridad. Ahora imagine ese acta como parte de una cartera colectiva de actividades en la cual las buenas obras están en primera plana y en el centro como la principal medida de eficacia y de éxito. Porque siempre hemos tenido, y siempre tendremos, tanto fe como mercados libres: Plymouth Rock y Jamestown. ¿Podemos ver un movimiento que permita a Jamestown colaborar con Plymouth Rock? Sí. ¿Podemos hacer justicia sin dependencia de un gran gobierno? ¡Sí podemos! En verdad, es la única manera en que podemos.

George W. Bush intentó liderar tal reforma al moldear el aparato de lo que él denominó «conservadurismo compasivo». Sin embargo, tal como resultó, sus bien intencionados esfuerzos casi se desviaron hasta extender los esfuerzos del gobierno. Un gobierno secular no tiene don para reconciliar Plymouth Rock con Jamestown. Ese esfuerzo tiene que surgir del pueblo y de sus iglesias.

Bush también dio nacimiento a una oficina basada en la fe que surgía del brazo ejecutivo. Él introdujo la idea de iniciativas de fe dirigidas por la Casa Blanca. Aunque la idea general parecía admirable, y muchos de los esfuerzos como la guerra contra el SIDA y la malaria en África deberían haberse celebrado, la ejecución de la idea mostró las tentaciones que surgen cuando los fieles solicitan fondos a Capitol Hill.

El tabernáculo del tío Sam

Idealmente, el gobierno colabora con una iglesia, sinagoga o mezquita para la capacitación y renovación comunitaria, no para respaldar una creencia, aprobar un sermón o escoger cantos del himnario. Idealmente también, el muro entre iglesia y estado funciona en ambos sentidos. Protege al gobierno de establecer un sistema de creencia religiosa y usurpar todas las otras convicciones, a la vez que protege a la iglesia del alcance general del estado. Ese, desde luego es el modo en que debiera funcionar.

Desgraciadamente, el dinero lo cambia todo. Más que nunca, las iglesias quieren visitar al tío Sam; no para pedir al gran tío que se arrepienta por millones de bebés asesinados, ni tampoco para demandar que deje de inundar nuestras escuelas públicas con planes de enseñanza anticristianos y culturalmente reducidos. Con demasiada frecuencia, desgraciadamente, pastores y líderes de fe suben las escalinatas de mármol de los templos seculares de doscientos años de antigüedad para pedir una cosa: una dádiva.

Surgen algunas preguntas, una de ellas es si las iglesias que colaboran con el estado deberían tener que someterse a las regulaciones federales que requieren de ellas contratar a individuos cuyos estilos de vida son contrarios a las enseñanzas de la iglesia. El tío Sam en su más reciente reencarnación ciertamente lo cree así. En un movimiento sin precedente, la administración Obama decidió demandar a una escuela luterana por expulsar a un «ministro comisionado» por haber violado una doctrina de la iglesia en particular. La EEOC (Equal Opportunity Commission [comisión para la igualdad de oportunidades en el empleo]) argumentó que como la «obra ministerial» ocupaba solamente 45 minutos del día laboral de la mujer, ella tenía derecho a salarios perdidos, daños y los honorarios del abogado.

Afortunadamente, la Corte Suprema no pensaba lo mismo. Por un voto unánime de 9 a 0, la Corte dictaminó que «hay una excepción ministerial fundada en las Cláusulas de religión de la Primera Enmienda», y que las iglesias son libres para contratar a ministros sin interferencia del gobierno.[15] Lo inquietante es que una administración electa se sintió libre para seguir este curso de acción sin sufrir consecuencia alguna por hacerlo.

Incluso si las iglesias pudieran confiar en el gobierno, surge la pregunta de si deberían pedir al tío Sam fondos en un principio. Hay involucrados problemas obvios. Si el tío Sam decide colaborar con el reverendo Smith, el rabino Goldstein o el imán Alí, esa colaboración requerirá o bien conformidad con las doctrinas religiosas por parte del estado, o subyugación a la ley federal por parte de la organización religiosa. Alguien tiene que ceder, y es improbable que sea el gobierno. Esta colaboración extraña e incómoda casi inevitablemente dará como resultado una fe que sacrifique la pureza doctrinal por causa del beneficio económico.

De igual modo, deberíamos preguntar: ¿qué le sucedió al mandato bíblico de dar al César lo que es del César y a Dios lo que es de Dios? ¿Por qué nuestros grupos basados en la fe están suplicando al tío Sam las migajas cuando, por nuestra misma naturaleza, deberíamos estar mirando solamente al Señor para obtener nuestro sustento? Como sabemos por los Evangelios, cinco panes y dos peces dieron como resultado doce cestas de sobras, y eso fue después de que cinco mil personas hubieran sido alimentadas. Eso fue un milagro, desde luego, y algo que no podemos esperar por rutina. Lo que este episodio nos enseña, sin embargo, es que la fe en Jesucristo siempre será recompensada de un modo u otro.

Permítame ser claro. No tengo problema alguno si el tío Sam llega a la iglesia y reconoce que los grupos basados en la fe llevan a cabo ministerios hacia los pobres y quienes sufren de una manera más constructiva y política de lo que puede hacerlo el gobierno. Después de todo, esa es nuestra misión. Desde Isaías 61 hasta Lucas 4 y Mateo 25, todos los principales discursos cristianos permanecen espiritualmente y moralmente comprometidos a la restauración de vidas y la renovación de sueños.

Mateo 25 es particularmente instructivo en este frente. Aquí, Jesús describe la recompensa eterna para quienes se ocuparon de Jesús cuando tuvo necesidad:

> Porque tuve hambre, y me disteis de comer; tuve sed, y me disteis de beber; fui forastero, y me recogisteis; estuve desnudo, y me cubristeis; enfermo, y me visitasteis; en la cárcel, y vinisteis a mí. (Mateo 25.35–36)

Al referirse a sí mismo en este contexto, Jesús realmente se refería a toda la humanidad: «en cuanto lo hicisteis a uno de estos mis hermanos más pequeños, a mí lo hicisteis». Eso es lo que los cristianos hacen. Por tanto, me resulta totalmente contrario al espíritu de la Biblia el que un grupo basado en la fe se acerque al gobierno y rueguen fondos para llevar a cabo un mandato divino de caridad y compasión.

No es necesario decir que Jesús nunca les dijo a sus seguidores que fuese tarea de César alimentar a los hambrientos y ocuparse de los enfermos. Tampoco les dijo a sus seguidores que era tarea de ellos presionar al César para que elevase los impuestos de modo que el imperio romano pudiera hacer eso de manera más espléndida. Él nunca habló de una «norma Buffet» o su equivalente en el primer siglo, en la cual obligamos a otros a dar lo que nosotros no podemos o no queremos dar. No, si aceptamos subsidios del César, estamos de acuerdo en jugar según las normas del César, y sus normas no son en nada parecidas a nuestras normas.

Además, como creador de normas, el gobierno siempre estará tentado a insistir en los cambios. Si las iglesias entran en un contrato con el gobierno, están obligadas a cumplir. En Estados Unidos aún no sabemos si las iglesias y otras organizaciones ignorarán sus creencias religiosas y abandonarán sus afirmaciones de libertad religiosa a fin de recibir dinero del gobierno. Lo que sí sabemos por la Historia es que los gobiernos favorecerán a las religiones que moldean sus creencias según las líneas aprobadas por el estado. Para ver cómo funciona esto, estudiemos el destino de la iglesia cristiana alemana en la década de 1930 y 1940 o las iglesias «patrióticas» aprobadas por el estado en la China contemporánea.

El servicio plantea aún otra pregunta. Las organizaciones basadas en la fe que reciben fondos del gobierno están obligadas a servir a toda la comunidad, independientemente del sexo, la raza o la orientación sexual. Eso no es un problema. Cristo nos llama a servir a todos los que tengan necesidad incondicionalmente. El servicio habla de misión, una misión que tanto el gobierno como la iglesia están de acuerdo en que debería realizarse para todos. Pero aquellos que sirven deberían reflejar el espíritu de la iglesia que sirve. A un estado que prohíbe la oración en las escuelas no le gusta más escucharla en un albergue para los sin techo. Nuestra necesidad de promover nuestra misión ofende al estado.

A pesar de la incómoda relación entre iglesia y estado, la colaboración a veces tiene sentido. Después del huracán Katrina en 2005, por ejemplo, cuando el gobierno parecía paralizado por la ineptitud, la comunidad de fe se movilizó al instante. Organizaciones como el Convoy de Esperanza estaban asistiendo a quienes sufrían, mientras que FEMA (Federal Emergency Management Agency [agencia federal para el manejo de emergencias]) aún intentaba localizar Nueva Orleáns en el mapa. El estado debería colaborar con las instituciones de fe que han servido históricamente a los necesitados con una mayor confiabilidad y eficacia que cualquier agencia del gobierno, pero el estado no debería pedir nada más de esa organización aparte de su ayuda. Cuando el estado acepta esa ayuda, debería dejar de hacer demandas. El estado debería recordar quién está ayudando a quién.

Si una organización basada en la fe debe suscribirse a un conjunto de valores patrocinados por el gobierno como requisito previo para recibir subsidios, quizá los beneficiarios de la asistencia social y otros receptores de la ayuda del gobierno deberían hacer lo mismo. Eso es absurdo, desde luego, pero no más absurdo que pedirle una iglesia que descarte sus valores a cambio de un subsidio. La colaboración no debería requerir el sacrificio de la convicción. El estado debería preocuparse solo por incorporar las capacidades complementarias que convergen en torno al epicentro de la eficacia. Si el tío Sam quiere nuestra ayuda, entonces ayudaremos; sin embargo, no debería requerir de nosotros que cambiemos nuestras creencias o rindamos nuestra doctrina teológica sobre el altar del interés económico. Si lo hace, nosotros deberíamos negarnos a participar.

¿SEGUIMOS SIENDO EXCEPCIONALES?

Dos objetos no pueden ocupar el mismo espacio. Esta sencilla ley de la física debería enseñarnos y guiarnos a medida que deliberamos en medio de tanto cambio. O somos un país excepcional o no lo somos.

Sin embargo, la nación está obviamente sumida en el cambio. Algunos de esos cambios representan movimiento hacia adelante. Nos sobrepusimos a la esclavitud y la segregación. Nos sobrepusimos a la Gran Depresión y defendimos la democracia en la Primera y la Segunda Guerra Mundial. Confrontamos exitosamente y derrotamos el comunismo global, y actualmente estamos listos para refrenar el totalitarismo religioso.

Sin embargo, nuestra actual realidad sociopolítica nos impulsa a plantear algunas preguntas muy importantes. ¿Qué nos hace diferentes como nación? ¿Verdaderamente nos erigimos como el bastión de la democracia para que todos lo sigan? ¿Seguimos siendo «la ciudad sobre un monte»? ¿Tiene sentido la idea del excepcionalismo estadounidense en el siglo XXI?

El debate en cuanto a si seguimos siendo excepcionales está candente incluso hoy, y una tercera parte se ha añadido, la parte ruidosa que no cree que Estados Unidos fuera excepcional en un principio. Esa fracción nos culpó por seguir a Cristo y no a Marx. Nada de lo que podamos hacer les satisfará.

Yo creo que retenemos el potencial de seguir estando en lo alto del monte. La incorporación de un marco moral como pertenece a los mercados económicos de nuestra nación, uno que capacita al empresario, facilita los mercados libres, aborda la pobreza y la desigualdad, sirve a la comunidad y pretende enriquecer a todos los estadounidenses, servirá como un cortafuego contra un gobierno cada vez más invasivo. También templará la avaricia, minará el materialismo crítico, y nos alejará de la apatía.

No hay ninguna garantía. Nuestra relación con Dios demanda una vigilancia constante. Desde el principio mismo nos hemos estado preocupando por nuestro potencial de decaer. George Washington dijo lo siguiente de sus conciudadanos después de reconocer la «intervención divina» en los asuntos de Estados Unidos: «Debería sentir dolor al creer que hayan olvidado ese agente, que fue tan manifiesto con frecuencia durante nuestra Revolución, o que no hayan considerado la omnipotencia de ese Dios que es el único que puede protegerlos».[16]

Si nos desviamos de la premisa de que en Estados Unidos Dios está por encima del hombre y el hombre está por encima del gobierno, no perduraremos mucho tiempo como nación. El rechazo de este marco fundacional sin duda dará como resultado caos, angustia y el término potencial de nuestro noble experimento. Eso no tiene por qué suceder.

12.

Reconciliar *Imago Dei* con *Habitus Christus*

No crucifiquemos lo que Dios resucita y no resucitemos lo que Dios crucifica. Nuestro movimiento, la agenda del Cordero, debe permanecer comprometido a reconciliar *imago Dei* vertical, la imagen de Dios en cada ser humano, con *habitus Christus* horizontal, los hábitos y acciones de Cristo. Esto requiere una nueva narrativa, un discurso alternativo donde defendamos la verdad sin sacrificar el civismo.

La imagen de Dios vive en todos los seres humanos: negros y blancos, ricos y pobres, heterosexuales y gays, conservadores y liberales, ciudadanos e indocumentados. Nuestro reto es ver la imagen de Dios en todo ser humano, inclusive aquellos con quienes estamos en desacuerdo. Nuestro desafío es ver la imagen de Dios incluso en quienes nos persiguen y nos calumnian. Nuestro reto es ver la imagen de Dios en quienes se oponen a nosotros. Nuestro reto es ver la imagen de Dios en los que sufren, los marginados, los oprimidos y quienes se duelen. Nuestro reto es ver la imagen de Dios en amigos y enemigos, conocidos y extraños, fuertes y débiles, opresores y liberadores.

«Padre, perdónalos», dijo Jesús de quienes le atormentaban incluso mientras colgaba en agonía de la cruz, «porque no saben lo que hacen» (Lucas 23.34). Como fue cierto para Jesús: «Porque no tenemos lucha contra sangre y carne, sino contra principados, contra potestades, contra los gobernadores de las tinieblas de este siglo, contra huestes espirituales de maldad en las regiones celestes» (Efesios 6.12).

Como ha sido cierto durante las edades, segmentos de nuestra comunidad, a veces segmentos muy poderosos, atormentan a quienes no apoyan una cosmovisión bíblica. La agenda del Cordero requiere, no, demanda, que veamos a los demás mediante los lentes de la gracia y la compasión: la *imago Dei*.

Entonces debe plantearse la pregunta: ¿quiénes son los verdaderos enemigos de la agenda del Cordero? Relativismo moral, apatía espiritual, fe tibia, decadencia cultural, pobreza innecesaria, injusticia, racismo, discriminación, intolerancia, complacencia, amargura, temor, odio, animosidad, mentiras, peleas, desacuerdo, pecado y terror: estos son los verdaderos enemigos de nuestra fe. A medida que luchamos contra ellos, no podemos permitirnos a nosotros mismos convertirnos en ellos.

Pornografía retórica

Es más, debemos hacer retroceder lo que podría denominarse «pornografía retórica», una indulgencia en un lenguaje que tiene intención de infligir dolor emocional.

Todos hemos oído este dicho desde que íbamos a la escuela y jugábamos en el patio: «Palos y piedras romperán mis huesos, pero las palabras nunca me harán daño». La intención detrás de este dicho es buena, sin duda. Lo decimos para forjar las jóvenes mentes y corazones contra las heridas inevitables de la niñez y la adolescencia. Incluso los muchachos más de moda reciben apodos. Los vulnerables, los que no son populares entre ellos, sufren un incalculable abuso verbal.

Por mucho que pudiéramos intentarlo, ¿creíamos cualquiera de nosotros alguna vez que poner motes a otros no hacía daño? Incluso en la actualidad, ahora que somos más mayores, es de esperar que más sabios, después de haber experimentado el sufrimiento de la vida diaria más plenamente de lo que sufríamos cuando éramos niños, ¿es «las palabras nunca me harán daño» una máxima que podamos respaldar? La agenda del Cordero dice que no. Las palabras sí hacen daño, y no deberíamos ser quienes infrinjan el dolor.

Casi cada día, un rápido repaso a los titulares de las noticias con un par de búsquedas en Google nos sirven historias que demuestran que esa vieja frase es falsa. La evidencia puede provenir de carteles de piquetes, partes de programas de entrevistas, de bromas no tan divertidas, o de algo tan breve como un *tweet* de 140 caracteres.

Manifestantes en Arizona están en conflicto por la política de inmigración. Surgen discusiones públicas sobre la homosexualidad en California. Se libran debates sobre Obamacare en la capital de la nación. La lista continúa. Algunos de quienes ponen motes son bien conocidos y hasta se han forjado una reputación por su disposición a poner nombres a las personas. Algunas personas bien conocidas pueden ser casi tan abusivas pero convencerse a sí mismas de que no lo son. Usted podrá nombrar una docena de ejemplos de cada bando.

La mayoría de quienes ponen motes, sin embargo, no son conocidos más allá de sus propios círculos limitados. En la era de los medios sociales, una era en la cual todo el mundo tiene acceso instantáneo a un público, y muchos de los más expresivos se ocultan detrás de un nombre falso, el lenguaje se ha vuelto más violento, más vulgar y más pornográfico retóricamente. Sean conocidos o no, las acciones de quienes ponen nombres demuestran una verdad singular: los nombres sí hacen daño; y no solo a quienes están en el lado receptor.

Permítame citar un nombre de entre las noticias como un ejemplo, el de Bernie Madoff, el financiero que engañó a miles de personas, muchas de ellas amigos, en miles de millones de dólares. Uno no puede ni comenzar a justificar lo que él hizo. Y aunque hizo añicos muchos sueños, él trató casi exclusivamente con personas que tenían medios. No mató a nadie, no abusó de nadie; sin embargo, cuando yo escribí en Google «Bernie Madoff» y «odio», obtuve 670,000 entradas.

Su nuera escribió: «Yo odio a Bernie Madoff». El editor financiero personal de *Business Week*, Lauren Young, escribió: «Por qué odio a Bernie Madoff». Un video en YouTube se titulaba «Todo el mundo odia a Bernie Madoff». Si lee con más profundidad las diatribas, encontrará a personas que extienden su odio desde Madoff a Wall Street, a todas las personas ricas, a los judíos, a personas que odian a personas que odian a los judíos, a personas que odian a personas que odian Wall Street. «Madoff es como Emmanuel Goldstein en la novela *1984*», escribió Kyle Smith en *Forbes*, «el tipo al que a todos se nos enseña a odiar sin que nos digan exactamente por qué».[1]

Aunque es una palabra fuerte por sí misma, *odio* está entre la menor de las virulencias lanzadas al camino de Madoff. Los blogs sobre él están revestidos de indecencia casual, insultos gratuitos y diatribas antisemitas por parte de personas que nunca conocieron a Madoff y que nunca invirtieron con él.

Por parafrasear otro viejo aforismo: lo que decimos acerca de otros revela más sobre nosotros mismos que de las personas de las que hablamos. Esto es especialmente cierto para los cristianos, que encontramos muchos versículos en la Biblia que piden que nos refrenemos en la conversación. «El sabio de corazón es llamado prudente», dice Proverbios 16.21, «y la dulzura de labios aumenta el saber».

Jesús, como sabemos, tendía a ser un poco más directo. Como se destaca en Mateo 12.36–37, Jesús dijo: «Mas yo os digo que de toda palabra ociosa que hablen los hombres, de ella darán cuenta en el día del juicio. Porque por tus palabras serás justificado, y por tus palabras serás condenado».

Actualmente, dada la plaza pública electrónicamente cargada en la cual hablamos, nuestras palabras pueden causar un daño a cualquier número de personas segundos después de salir de nuestra boca. Cuando se han ido, no hay manera de refrenarlas, no hay manera de borrarlas. Puede que vivan en el ciberespacio para siempre. Como cristianos, no deberíamos añadir viento inútil a este torbellino electrónico. Deberíamos medir nuestro lenguaje, especialmente al evaluar a nuestros críticos. Los términos derogatorios para otros seres humanos, independientemente de lo mucho que sus perspectivas difieran de las nuestras o, lo que es más importante, de las verdades de la Escritura, no deberían pasar por nuestros labios.

Como sugerimos anteriormente, el eslogan «pornografía retórica» funciona muy bien. Porque este tipo de lenguaje degrada a quien lo habla y a la persona a quien se habla, al primero incluso más que al segundo. Entrar en los términos con demasiada concreción aquí sería asignarles una dignidad que no se merecen. Pero, como la pornografía misma, conocemos la pornografía retórica cuando somos expuestos a ella.

Todos hemos escuchado los curiosos epítetos y los cortantes adjetivos dirigidos hacia gays y lesbianas que van mucho más allá de la articulación razonada de nuestras perspectivas bíblicas sobre el diseño de Dios para la sexualidad humana. Pero incluso si quienes los apoyan atacan cruelmente nuestras perspectivas, eso no justifica nuestra venganza.

He escuchado muchas descripciones despectivas para quienes no comparten nuestra fe o para quienes no tienen ninguna fe en absoluto. Cuando las utilizamos, alejamos aun más al insultado del corazón de Cristo, lo cual es exactamente lo contrario de nuestro llamado como sus discípulos en tiempos modernos. Permítame repetirlo: estamos aquí para hacer convertidos, no enemigos. Una ocurrencia bien dirigida puede que satisfaga nuestra necesidad de venganza, pero para un cristiano no puede haber otro objetivo sino el alma. Si un comentario está bien dirigido, el receptor no se sentirá insultado sino consolado.

Quizá más inquietante, y más común, sean las injurias étnicas contra los más vulnerables entre nosotros, en particular los que no son ciudadanos y cuyo día a día en nuestro país puede ser una ansiosa lucha. Podemos albergar un rango de opiniones sobre política de inmigración, pero como cristianos solamente conocemos una manera de tratar a los inmigrantes mismos, a aquellos que tienen familias como las nuestras y trabajan tan duro para alimentarlas como nosotros, y es la manera que Jesús utilizaría.

Como sabemos, Jesús no discriminaba. En Juan 4, Él se detuvo en el pozo de Jacob, que era dominado por los samaritanos, enemigos históricos de su pueblo. Cuando una mujer samaritana llegó para sacar agua, Jesús le asombró al preguntarle: «¿Me das de beber?». Consciente de la división que había entre ellos, ella respondió: «Tú eres judío y yo soy mujer samaritana. ¿Cómo puedes pedirme de beber?». Jesús le explicó que ya no había divisiones étnicas artificiales, «mas el que bebiere del agua que yo le daré, no tendrá sed jamás; sino que el agua que yo le daré será en él una fuente de agua que salte para vida eterna». Su fuente está abierta para todos.

Cualquier palabra que se utilice para dejar sin rostro a las personas, para negarles su humanidad innata, para deshacer su dignidad inherente, son palabras que no deberían salir de la boca de un cristiano. El Jesús al que seguimos no murió solamente por aquellos de nosotros que somos semejantes a Él o incluso por los que creen en Él. Su Padre nos creó a cada uno de nosotros según su propia imagen, *imago Dei*, y nos acepta a todos ya sea que nosotros queremos ser aceptados o no.

Esto significa que cuando Cristo dio su último suspiro en la cruz, tenía tanto amor en su corazón por el inmigrante indocumentado que el que tenía por el oficial de patrulla de fronteras, y tanto por el activista homosexual como por el defensor incondicional del matrimonio tradicional, y tanto por el ateo como por el pastor que cree en la Biblia. Este no es un concepto fácil de aceptar. Está en guerra con nuestra naturaleza, pero es una batalla que debemos pelear e, idealmente, ganar.

«Porque de la abundancia del corazón habla la boca», dijo Jesús en Mateo 12.34. Lo que Jesús quería decir es que es algo mucho más que una salida de tono cuando marginamos o hacemos mal a aquellos con quienes estamos en desacuerdo. La solución no es solamente palabras «más amables», sino una perspectiva transformada, una visión más precisa, una que ve a todos los seres humanos, inclusive los oponentes, con los ojos de nuestro *proponente*: Jesús.

De igual modo, debemos repudiar todo vestigio de terror articulado. Que se levante una generación que se atreva a hablar a los paganos y a los fariseos. Que se levante una generación comprometida a volcar las mesas de los cambistas de dinero en el templo y escribir sobre la tierra a la vez que dice: «el que esté sin pecado, que tire la primera piedra». El día del evangelicalismo enojado ha terminado oficialmente. El día de una comunidad amorosa y creyente en la Biblia que expone la verdad con amor comienza oficialmente en este momento. Porque si verdaderamente entendemos que cada ser humano es creado a imagen de Dios, entonces podemos proceder a dar avance a la agenda del Cordero.

LOS HÁBITOS DE CRISTO: PERDÓN

Las naciones lanzan guerras. Los gobiernos persiguen a los inocentes. Las instituciones refuerzan el odio. Pero en cuanto a los hijos de Dios, lo que hacemos es perdonar. Es el acto mismo del perdón lo que elimina las ropas mortuorias de la amargura y revela un rayo de esperanza, un renacimiento de la fe, un nuevo comienzo en Cristo.

Habitus Christus, los hábitos y acciones de Cristo, son nuestra guía suprema. Requieren que el perdón sea nuestro calificador, la medida que debemos superar. Nuestro movimiento será conocido por muchas cosas, pero ninguna más distintiva que el perdón

La acción única más grande y más provocativa que cualquier ser humano pueda emprender en este planeta es perdonar. Nelson Mandela invitó a sus anteriores captores a su toma de posesión presidencial. Ghandi llamó a hindúes y musulmanes a reconciliarse. El papa Juan Pablo II se reunió con su potencial asesino, Mehmet Ah Agca, y le perdonó por haberle disparado mientras que Agca, a su vez, presionaba la mano del Papa contra su frente, un símbolo de respeto para los musulmanes.

Que esos incidentes destaquen nos recuerda que en un mundo cuyo discurso está escrito con la sangre de la guerra, el terrorismo, las peleas y el odio, los apóstoles genuinos del perdón son raros. No son tan raros, sin embargo, que no puedan servir como modelos de relaciones maduras y equilibradas en todos los niveles: personal, colectivo, geopolítico, económico y eclesiástico. Todos los participantes en estas relaciones están obligados a perdonar. Todos están obligados a mostrar misericordia en presencia de la justicia. Todos están obligados a trascender al dolor como hizo Jesús en la cruz.

Sin duda, incluso aquellos que no reciben justicia terrenal pueden perdonar, y deberían perdonar. El mundo avanza, sin embargo, cuando el perdón sigue a la justicia. Perdón sin justicia otorga un mal: clemencia injusta. Desde el Holocausto hasta Ruanda, desde Darfur hasta Serbia, cuando la jurisprudencia habla en nombre de los inocentes a la vez que confronta la maldad, prosigue la justicia, y la justicia es el gran facilitador del perdón. Quienes son responsables de atrocidades, asesinatos y caos deben recibir las consecuencias legales y morales de tales acciones. Poco después, las víctimas son llamadas a perdonar mientras al resto de nosotros se nos amonesta a no olvidar. Las atrocidades demuestran que somos criaturas caídas, imperfectas y dadas a la crueldad. El perdón demuestra que seguimos siendo hijos de un Dios justo.

LA RECETA PARA LA MIOPÍA ESPIRITUAL

En un momento u otro, la miopía espiritual nos aflige a todos. No vemos el paisaje moral en su totalidad, con frecuencia debido a que decidimos no hacerlo. Podemos aliviar esta aflicción solamente mediante las lentes correctivas de rectitud y justicia: *imago Dei* y *habitus Christus*. Actualmente, la bruma moral, política y social que oscurece la visión de todos nosotros demanda esta receta confiable si queremos identificar los males que afligen a la humanidad, por no hablar de abordarlos. La óptica de la santidad y la humildad siempre tiene éxito a la hora de corregir la miopía espiritual, el vértigo cultural y la ceguera deliberada.

El buen doctor Lucas, en Hechos 17.28, abordó con precisión de cirugía una sencilla verdad para el cuerpo espiritual de nuestro viaje: «Porque en él vivimos, y nos movemos, y somos». Esta verdad sencilla y a la vez poderosa nos guía hacia una convicción inconmovible. En Él, no en la religión construida en torno a Él, no en las guerras libradas en su nombre, no en los ejercicios de grandeza, no en los sistemas dogmáticos, no en las burocracias jerárquicas, sino en Él, vivimos. En su humildad, amor, misericordia, gracia y compasión vivimos. Vivimos cuando aceptamos su naturaleza, su misión y su sacrificio. Vivimos en sus enseñanzas de amar a nuestro prójimo, de amar incluso a nuestros enemigos, de volver la otra mejilla, y mientras tanto caminamos justamente delante de nuestro Dios.

Nos movemos en su carácter, su santidad, su indignación justa contra el espíritu farisaico. Nos movemos en su viaje desde Belén hasta el Gólgota y todos los puntos intermedios. Nos movemos en sus encuentros con ricos y pobres, con campesinos y líderes políticos, con pecadores y santos. Nos movemos en su pasión para que todos los hijos de Dios sean libres. Cada oportunidad de perdonar, ayudar y sanar representa una invitación a movernos en Él.

Finalmente, en Cristo tenemos nuestro ser. Descartes declaró: «Pienso, luego existo». Pascal contrarrestó: «Creo, luego existo». Mi respuesta en medio del relativismo moral, la incertidumbre social, política y económica es sencilla: «Cristo, luego existo». La receta es sencilla: vivir en su imagen, caminar en su Espíritu, existir en su gracia.

13.

El nexo de la cruz

El nexo de la cruz es el lugar donde la convicción se une con la compasión, donde el pez hace intersección con el pan, donde la verdad une sus manos con la misericordia, donde reconciliamos la óptica de la redención con la métrica de la reconciliación.

El nexo es el lugar donde un alma equilibrada encuentra su hogar, donde la fe se une a la acción, la convicción da la bienvenida a la compasión y lo profético hace intersección con lo práctico. El nexo es la parte más fuerte de la cruz, la unión de rectitud y justicia, la plataforma donde el cielo toca la tierra, y el vientre del cual fluye la agenda del Cordero.

El centro profético

El nexo de la cruz no es otra cosa que el centro profético. No estoy hablando aquí de un centro político borroso y ambiguo donde, en ocasiones, las concesiones ahogan la convicción, sino de un genuino centro profético donde la obediencia siempre se une al sacrificio.

Repito: estoy totalmente convencido de que el actual debate religioso en Estados Unidos no es un conflicto bilateral entre los seguidores de Cristo y sus enemigos en la izquierda política, tal como los medios de comunicación con frecuencia sugieren, ni siquiera una lucha entre iglesia y estado. No, el debate estadounidense sobre religión es trilateral. El siglo XXI encuentra tres fuerzas que combaten en la escena pública: secularismo religioso, pluralismo religioso y excepcionalismo religioso.

El secularista entra en el ataque con poco apoyo, menos aguante y la menor esperanza posible de victoria. Esta nación puede que oficialmente no sea una nación cristiana, pero es una nación donde la mayoría se sigue identificando como seguidor de Cristo. Aunque ninguna religión monopoliza la escena pública, no se puede negar que nuestra nación acepta la espiritualidad. Las cifras de las encuestas citadas anteriormente dan testimonio de esto. A pesar de que todos los medios de comunicación atacan el cristianismo, más de tres cuartas partes de estadounidenses se siguen identificando a sí mismos como cristianos.

Nuestros padres fundadores, ya fuesen deístas o cristianos, inscribieron un discurso de fe que no puede negarse. Desde el comienzo, como hemos visto, la espiritualidad y la práctica real de la religión han afectado al discurso público, las elecciones, la política y los asuntos exteriores, normalmente no como la pieza central de la política, pero casi siempre como uno de los elementos que dan forma a las normas y costumbres mediante las cuales se describe la política. No se puede extraer de nuestros valores el hilo espiritual entretejido en el genoma estadounidense.

Mientras que Francia y otras naciones europeas tratan la religión como un artefacto histórico y han eliminado incluso los vestigios de espiritualidad de la vida pública, y mientras que Irán y muchos otros países persiguen activamente a las minorías religiosas, nuestra nación prospera mediante el pluralismo religioso y la tolerancia.

Por tanto, por nuestra mayor exportación puede que no sea la tecnología, la cultura popular o nuestra marca de democracia, sino más bien un compromiso con el pluralismo religioso, la diversidad y la tolerancia, un compromiso que surge directamente de nuestro sistema de valores judeocristiano. En otras palabras, el nexo de la cruz nos capacita para proponer, no imponer, una sencilla proposición, es decir, tal como nos dice Juan en su memorable 3.16: «Porque de tal manera amó Dios al mundo, que ha dado a su Hijo unigénito, para que todo aquel que en él cree, no se pierda, mas tenga vida eterna».

EL HOGAR DEL CRISTIANISMO PURO

El nexo se trata más de relación que de religión. La religión, tal como se practica, es puramente hecha por el hombre. Por ese motivo, la religión nunca puede ser perfecta. Nuestro intento de contextualizar un sistema religioso, un conjunto de creencias o programas para manejar y entender a Dios, continuamente se queda corto. ¿Y cómo no podría ser así? Nuestras capacidades de entendimiento están dolorosamente limitadas. Incluso nuestros mejores científicos no pueden comenzar a descifrar la vida en la tierra, y mucho menos el comienzo del universo. No estamos ni siquiera cercanamente preparados para entender a Dios en toda su plenitud.

El Nuevo Testamento define la religión pura mediante nuestro trato a aquellos que tienen necesidad. Repito: esto es lo que hace que el cristianismo *puro* sea tan atractivo. El nexo de la cruz es el domicilio del cristianismo puro. Lo que Cristo introdujo fue menos de una religión que de una relación. Para algunos, el ministerio de Cristo expresa el deseo de Dios de introducir a la humanidad y al mundo a una relación revolucionaria sencilla en expresión, asombrosa en poder y magnífica en gracia.

Cristo transformó la conversación desde el ritual, especialmente esos rituales despojados de humanidad, hasta la relación. En

Lucas, por ejemplo, Jesús preguntó a los fariseos si es legítimo sanar el día de reposo. Pero este sencillo acto de humanidad confundió sus sistemas de leyes, de modo que Jesús siguió adelante y sanó a un hombre de su hinchazón anormal. Entonces compartió con ellos la parábola de la fiesta de bodas, concluyendo:

> Cuando hagas comida o cena, no llames a tus amigos, ni a tus hermanos, ni a tus parientes, ni a vecinos ricos; no sea que ellos a su vez te vuelvan a convidar, y seas recompensado. Mas cuando hagas banquete, llama a los pobres, los mancos, los cojos y los ciegos; y serás bienaventurado; porque ellos no te pueden recompensar, pero te será recompensado en la resurrección de los justos. (Lucas 14.12–14)

Estas son las relaciones sobre las cuales se basa el cristianismo: los inesperados, los difíciles, los que no recompensan; no recompensan al menos desde una perspectiva materialista. Esta fe basada en la relación desconcertó a los fariseos y sigue inquietando a sus herederos en el siglo XXI. Sí, hay un lugar para el ritual, pero el ritual sin relación está tan espiritualmente vacío en la actualidad como lo estaba hace dos mil años.

Todas las religiones puede que reflejen el mismo hambre espiritual aparente en todo ser humano, pero no todas las religiones son igualmente válidas. Las buenas religiones intentan responder las preguntas del cielo y la tierra: «¿Existe vida más allá de nosotros?». Las grandes religiones preguntan: «¿Existe algo mayor en nuestro interior?». La gracia les capacita para plantear preguntas más difíciles aun, como: «¿Qué necesitamos hacer para ser salvos?», y «¿Cuál es el mayor entre nosotros?». Estas preguntas conducen a los cristianos a entender la única relación que inspira a todas las demás relaciones, y esa inspiración surge del nexo de la cruz.

MÁS PODEROSO QUE EL EXTREMISMO

Desde el nexo de la cruz, los seguidores de Cristo aprenden a repudiar cualquier extremismo, de izquierda o de derecha, que pida a sus seguidores que ignoren las virtudes del amor, la compasión y el perdón. Esta no es una lección que se aprende fácilmente. Los cristianos, como los miembros de todas las religiones, tienen pasiones encontradas. Aunque rara vez lo admitan, muchos seguidores de Cristo se identifican con más fuerza como demócratas o republicanos de lo que lo hacen como cristianos. Cuanto más extrema sea la identificación política, socialista, digamos, o libertaria, más probable es que la persona quiera dar avance a una agenda política por delante de la agenda del Cordero.

En momentos en la historia cristiana, la politización general del mensaje de la fe ha intensificado odios, ha aumentado la intolerancia y con frecuencia ha terminado en derramamiento de sangre. Como resultado, a aquellos a quienes les disgusta la religión llegan a culpar a la religión del caos del mundo. Deberían culpar a la naturaleza humana.

Cuando son avivados por viejos rencores o aficionados a las luchas de poder, los combatientes adoptarán cualquier cubierta ideológica que encaje mejor con sus necesidades, y una religión con frecuencia es práctica. En algunas religiones, se libran guerras en mejor conciencia que en la nuestra porque los fieles predican el amor, la compasión y el perdón solamente entre miembros de su propia comunidad. Cuando Dios es eliminado de la ecuación por completo, como sucedió en la Francia revolucionaria, la Alemania nazi, la China maoísta y la Unión Soviética, la sangre se derrama como nunca antes.

Los cristianos no tienen excusa alguna para no promover la agenda del Cordero. Nuestra fe va más allá del marco de la autopreservación. Si entendemos verdaderamente esa fe, mostramos amor, compasión y perdón hacia todos. Al final, si los esfuerzos por establecer estas virtudes no unen a las principales religiones del mundo, entonces los líderes de estas religiones, inclusive de la nuestra, han fallado a sus seguidores. Sin embargo, cuando los oráculos de amor, compasión y perdón sobrepasan a los profetas y evangelistas del odio y la intolerancia, entonces puede que la religión bien pueda triunfar sobre la naturaleza humana y tener éxito a la hora de reconciliar a los hijos de Dios los unos con los otros.

Esta es la única manera en que la paz genuina barrerá el planeta. Nuestros amigos seculares pueden cantar «dale una oportunidad a la paz», repetir «hare, hare Krishna», y mostrar mensajes de «Coexistencia» orgullosamente en sus pegatinas, pero la reconciliación sostenible solo puede surgir desde el nexo de la cruz.

El antídoto para el extremismo

Cuando consideramos una región del mundo donde las ideas religiosas han sido secuestradas por extremistas, inmediatamente pensamos en el Oriente Medio. Allí, el extremismo y la discordia religiosa se utilizan para reforzar plataformas políticas. Es una lástima. Como lugar de nacimiento de las tres creencias más destacadas del mundo, la región debería ser un vibrante mercado de posibilidades de fe tan diverso y cooperativo como los de, digamos, Nueva York, pero incluso más sagrado. En cambio, hasta cierto grado, la zona sigue siendo un campo de batalla. A veces, los «fieles» allí se comunican no mediante reuniones ecuménicas sino mediante cohetes Qassam e IED.

Para el forastero, pueden parecer conflictos religiosos, pero no lo son, realmente no. Si los terroristas del 11 de septiembre quisieran atacar a los cristianos, no habrían escogido una fortaleza de finanzas seculares como el World Trade Center en Nueva York. En la misma medida, cuando los terroristas bombardean un autobús escolar en Israel o una pizzería, están enviando un mensaje político, no un mensaje religioso. Muchos de los terroristas más notorios no son religiosos en absoluto. Algunos ni siquiera son musulmanes.

Para entender las dinámicas políticas, morales y socioeconómicas que impulsan la región, los observadores no pueden pasar por alto que las bases religiosas enmascaran los conflictos políticos y militares. Deben entender que el verdadero conflicto sitúa la pobreza y el autoritarismo por un lado contra la libertad y la paz por el otro. En lugar de hacer frente a problemas internos, los déspotas fijan la vista de sus seguidores en enemigos externos. Esta práctica ha continuado desde mucho antes de que Maquiavelo dirigiese atención a ello hace casi quinientos años.

Mientras tanto, en el lugar de nacimiento del monoteísmo, donde su nombre es invocado diariamente, Dios a veces parece ser un prisionero de guerra. Solamente una agenda del Cordero, que fluya desde el nexo de la cruz, puede llevar libertad a una región atormentada por la política radical disfrazada de extremismo religioso.

Lo bastante fuerte para ser probado

El nexo de la cruz hace que nuestro mensaje cristiano sea único. Mientras que la mayoría de otras creencias evitan la investigación, el cristianismo le da la bienvenida. La fe que es cuestionada es una fe perfeccionada. Cuestionar las doctrinas de la fe fortalecerá la creencia o guiará a la persona a otra fe que esté más abierta a tal investigación.

A lo largo de la narrativa bíblica e incluso en la actualidad, Dios y sus hijos han seguido participando en un diálogo. La gran pregunta planteada en el huerto del Edén por Dios, «¿Dónde estás?», sigue resonando para la humanidad actualmente. La humanidad responde como lo ha hecho durante miles de años: «¿Qué tenemos que hacer para ser salvos?».

Dios no tiene temor a nuestras preguntas. La pregunta que debemos hacernos a nosotros mismos es si nosotros tenemos temor a las de

Él. Si el cuestionamiento saca a la luz la verdad, entonces cuestionemos. Una fe que se ve amenazada por las preguntas doctrinales y la evaluación de ciertas doctrinas no es fe en absoluto. Una fe que demanda ciegamente creencia, subyuga al alma tan inquisitiva que Dios nos dio. Lo que es más, se descalifica a sí misma para ser una fe, y cae con mayor precisión en la categoría de una secta. La fe verdadera da la bienvenida a las preguntas; las fes falsas las desalientan y las prohíben.

No olvidemos que si todas las preguntas son respondidas y todas las dudas satisfechas, entonces no hemos hecho las suficientes preguntas. Nos hemos satisfecho a nosotros mismos con demasiada facilidad. En esta tierra, nunca conoceremos a Dios en toda su gloria; no podemos. La fe, así, sigue siendo la certeza de lo que se espera y la convicción de lo que no se ve.

La *Vía Dolorosa* de la madre Teresa

Un ejemplo excelente de un ministerio impulsado por el nexo es el de la madre Teresa. Ella se describía a sí misma como albana de nacimiento, india de ciudadanía, y una monja católica de fe. «En cuanto a mi llamado», dijo la madre Teresa, explicando el nexo de la cruz con perfecta sencillez, «pertenezco al mundo. En cuanto a mi corazón, pertenezco totalmente al corazón de Jesús».

La madre Teresa creció en fuerza incluso mientras batallaba con estar en el nexo de la cruz. Si Job pudo cuestionar el plan de la Providencia y si Jesús pudo clamar: «Padre, ¿por qué me has abandonado?», entonces la madre Teresa pudo, sin mancha ni vergüenza, ser admirada a pesar de sus dudas y temores.

De hecho, tales luchas personales puede que demuestren lo milagroso en su vida. La madre Teresa recorrió su propia *Vía Dolorosa*, el camino del dolor que Jesús recorrió al dirigirse al Calvario. Los escritos personales de la madre Teresa revelan a una mujer que no solo cuestionó a Dios en ocasiones, sino que también a veces dudaba de sí misma.[1]

Esta pequeña y frágil mujer nos demuestra a todos, incluso después de la muerte, que uno puede reunir fuerza a pesar de la duda y quizá incluso a causa de ella. Ella dio esperanza, cuando a veces no tenía ninguna esperanza que dar. Ella fue testigo de su fe incluso cuando batallaba con la incredulidad. Habló en nombre de la paz, cuando su alma estaba en guerra. Se ocupó de los huérfanos cuando ella misma se sentía huérfana por su propio Padre celestial.

Una de las calificaciones para la santidad en la iglesia católica es la validación de milagros en medio del ministerio de la persona. ¿Qué mayor milagro puede demostrarse que el de dar lo que a veces uno puede que no tenga? La esperanza y la fe eran para la madre Teresa lo que los panes y los peces fueron para Jesús. Ella seguía dando ambas cosas, y milagrosamente seguían llegando.

¿Acaso no es eso lo que constituye verdaderamente a la persona en santo? ¿Es un santo alguien que es perfecto, sin defectos, lleno de fe y sin vacilación? ¿O un santo podría ser un alma hambrienta que alimenta no solo su propio espíritu dudoso sino también el espíritu de millones de otras personas en todo el mundo, inspiradas por su ejemplo? La madre Teresa ya no es aquella pequeña y frágil mujer rodeada de pobreza inimaginable. En la muerte, ella está erguida y rodeada de inimaginables riquezas. Su viaje nos enseña que fe y temor pueden caminar juntos.

La madre Teresa llegó a los más pobres de entre los pobres. Su fe le inspiraba a hacerlo, pero también lo hacía su conocimiento de lo que era irse a la cama sintiendo hambre y soledad en un mundo en guerra. Ella siguió dando cuando tenía poco que dar. Sus batallas le hacían ser humana. Sus acciones bien puede que la hayan hecho una santa. Su vida brilla no a causa de que ella estuvo en los extremos sino porque los rechazó, decidiendo en cambio servir desde el centro mismo del nexo de la cruz.

14.
Reconciliar fe con acción

Bunker Hill, Valley Forge, Harper's Ferry, Gettysburg, Selma: estos lugares evocan un ideal estadounidense en desarrollo forjado en un crisol de intenso fragor espiritual. Hablan de un ideal lo bastante fuerte para enfrentarse a retos presentes pero lo suficientemente flexibles para enfrentarse a los desafíos del futuro. Hablan de nuestra identidad misma como pueblo. Del vientre de los impuestos sin representación, esta nación surgió como un faro global de autogobierno y democracia. Desde los húmedos pasillos de verano en la Filadelfia anterior al aire acondicionado salieron los documentos que afirmaron la vida, prendieron la libertad y nos impulsaron a buscar la felicidad.

A lo largo del curso de la historia estadounidense, esta gran nación venció exitosamente increíbles obstáculos no solo por la fuerza del poder o el aguante económico, sino mediante la capacidad de darse forma otra vez a sí misma, en el momento correcto, siempre mejor que antes. Contrariamente a muchas naciones convulsas por la revolución, y Francia viene a mi mente, nuestra nación se ha adaptado al futuro sin olvidar el pasado. De hecho, nuestras mayores transiciones se han producido en nuestro intento por honrar el pasado, por cumplir nuestro destino como nación, por pagar nuestra deuda con el Creador que nos otorgó derechos inalienables.

Esto es algo que no todo el mundo entiende. En la Declaración de Independencia establecimos lo que esperábamos ser como nación. En la Constitución, redactada aproximadamente una docena de años después, establecimos las pautas en cuanto a cómo esperábamos llegar hasta ahí. En ese momento, todos entendían que habría que hacer cambios a lo largo del camino para llegar a ser lo que el preámbulo a la Constitución describía como «una unión más perfecta».

Desde el comienzo, la mayor piedra de tropiezo para la perfección y para la unidad fue la esclavitud. La naturaleza de la institución estaba en guerra con la frase esencial «creados iguales» de la Declaración. Sin embargo, los fundadores de los estados norteños sabían que sin la cooperación de sus hermanos sureños no habría ninguna Declaración, ninguna Constitución, ningunos Estados Unidos. Desunidos, probablemente nos habríamos disuelto en el tipo de peleas entre facciones que se han visto en los Balcanes. Históricamente, la desunión crónica dejó esos países tan vulnerables que su pueblo fue fácilmente presa de los señores de la guerra norteafricanos. La palabra misma *esclavo* se deriva de *Slav*. Esas personas pobres prestaron su nombre a esa lamentable institución.

Dada la realidad sobre el terreno, nuestra nación nació del compromiso. Irónicamente, fueron los defensores antiesclavitud en el Norte quienes insistieron en que los esclavos contasen como nada más que tres quintas partes de una persona. El Sur favorable a la esclavitud quería que contasen como una persona completa para aumentar la representación del Sur en el Congreso y que su subsiguiente poder extendiese el sufragio de la esclavitud.

Ese problema no podía quedar sin resolver para siempre. Más de seiscientos mil estadounidenses murieron en la sangrienta resolución de la esclavitud. Nunca antes una nación había ido a la guerra para poner fin a la esclavitud. Sin embargo, tal como sabemos, incluso este sacrificio no resolvió el problema por completo. Cuando ascendió al escenario principal con la misión de resolver ofensas no resueltas, Martin Luther King Jr. hizo lo que muchos estadounidenses transformadores en el pasado habían hecho. King pidió a Estados Unidos que no descartase sus leyes más elevadas, sino que las honrase. Lo siguiente está extraído de su discurso en 1963 «Yo tengo un sueño»:

> En cierto sentido hemos venido a la capital de nuestra nación para cobrar un cheque. Cuando los arquitectos de nuestra república escribieron las magníficas palabras de la Constitución y la Declaración de Independencia, estaban firmando un pagaré del cual cada estadounidense debía ser heredero. Este pagaré fue una promesa de que a todos los hombres, sí, hombres negros al igual que hombres blancos, se les garantizarían los derechos inalienables de vida, libertad y la búsqueda de la felicidad.

No fue ningún accidente que King fuese un ministro bautista, representando a Southern Christian Leadership Conference (Conferencia Sureña de Liderazgo Cristiano). Fue más parecido a una profecía cumplida. El ímpetu para poner fin a la esclavitud llegó totalmente de parte de cristianos comprometidos, la mayoría de ellos evangélicos. Sus herederos espirituales siguen luchando contra la esclavitud en esas partes del mundo donde persiste.

Aquellos entre nosotros que condenan a Estados Unidos por su esclavitud histórica harían bien en estudiar la historia de Francis Bok. Bok se crió en una familia católica grande en una aldea de Dinka en el sur de Sudán. Cuando tenía siete años en 1986, Bok fue secuestrado por una milicia islámica y vendido como esclavo. Necesitó diez años para escapar. Con la ayuda de un valiente y amable musulmán, Bok consiguió llegar hasta El Cairo donde buscó refugio en una iglesia católica. Desde allí, los servicios sociales luteranos y los metodistas unidos lograron su pasaje a Estados Unidos. Después de unos años para establecerse, el profundamente cristiano Bok comenzó su verdadero trabajo en la vida como abolicionista actual. En 2002 se reunió con el presidente George W. Bush en la Casa Blanca, llegando a ser el primer exesclavo en reunirse con un presidente estadounidense desde el siglo XIX.[1]

Estados Unidos no fue en absoluto único en su inquietante tolerancia de la esclavitud. Sin embargo, fue totalmente único en el sacrificio que hizo en sangre y tesoro para ponerle fin. Quienes actualmente están convencidos de que ellos no habrían tolerado la esclavitud bajo ninguna circunstancia necesitan preguntarse a sí mismos lo que han hecho para poner fin al aborto legal, esa impía práctica que se ha llevado cincuenta millones de vidas inocentes desde Roe v. Wade en 1973. Por malvada que era la esclavitud, los dueños de esclavos tenían un interés económico para mantener vivos a los esclavos e incluso saludables. Los defensores del aborto tienen la acusación contraria. Poner fin al aborto es el mayor reto de los derechos civiles de la época. Es uno más difícil de vencer en nuestro viaje para llegar a ser «una unión más perfecta».

VOTO VERTICAL

Somos bendecidos por vivir en una nación en la cual la enseñanza de Pedro a respetar la autoridad civil presenta pocos desafíos morales:

> Por causa del Señor someteos a toda institución humana, ya sea al rey, como a superior, ya a los gobernadores, como por él enviados para castigo de los malhechores y alabanza de los que hacen bien. Porque esta es la voluntad de Dios: que

> haciendo bien, hagáis callar la ignorancia de los hombres insensatos; como libres, pero no como los que tienen la libertad como pretexto para hacer lo malo, sino como siervos de Dios. Honrad a todos. Amad a los hermanos. Temed a Dios. Honrad al rey. (1 Pedro 2.13–17)

Obviamente, no todas las leyes bajo las que vivimos son justas. La decisión de la Corte Suprema de hacer el aborto un derecho constitucional, por ejemplo, violó no solo la ley de Dios sino también el espíritu mismo de la Constitución. Y sin embargo, incluso Roe v. Wade está dentro de nuestra capacidad como ciudadanos de derrocar de modo no violento mediante el proceso político. Podemos votar por un presidente que nombrará jueces que consideren Roe v. Wade como el exceso judicial que es. O podemos dar los pasos más difíciles pero quizá más adecuados que conlleva una enmienda constitucional.

Sin embargo, lo que necesitamos hacercada vez que entramos en una cabina de votación, es evaluar de antemano cómo esperamos alinear nuestro voto con la voluntad de Dios. Esto no siempre es fácil. De hecho, rara vez es fácil. A veces encontraremos candidatos opuestos, cada uno de los cuales parece representar diferentes elementos del plan de Dios. En otras ocasiones tendremos que escoger entre un candidato bueno a corto plazo y un partido mejor a largo plazo.

En cada caso, tenemos que ser conscientes de los estrategas políticos que explotan nuestro cristianismo para conseguir nuestro voto. Los grupos de interés en un amplio abanico de asuntos que casi no tienen nada que ver con la fe apelarán a la cruz. En algunos casos, argumentarán que su pequeña causa, digamos, salvar a las ballenas, es tan demandante del voto cristiano como, digamos, salvar a un bebé no nacido. Puede que incluso citen la Escritura en el proceso. Pueden reunir un paquete de causas marginales para decirle que, juntos, dan más peso que una convicción central del cristiano que cree en la Biblia.

En algunos casos, puede que nos encontremos con leyes tan injustas y tan resistentes al cambio político que tengamos que contemplar la desobediencia civil. Martín Luther King Jr. se enfrentó a este dilema en varias ocasiones. A continuación vemos cómo lo resolvió en su famosa «Carta desde la cárcel de Birmingham»: «Quien quebranta una ley injusta que la conciencia le dice que es injusta, y que acepta con disposición el castigo del encarcelamiento a fin de avivar la conciencia de la comunidad sobre su injusticia, en realidad está expresando el mayor respeto por la ley».[2]

Lo que King hizo fue apelar a la nación en general al resistirse a las leyes locales que estaban en guerra con el espíritu de la fundación de la nación. Aunque quebrantó la ley, se mantuvo dentro del sistema actuando de modo no violento y apelando a la conciencia de la nación.

No me sorprendería, de hecho, si el Tercer Gran Despertar fuese inspirado por un acto de desobediencia civil, quizá un acto masivo de desobediencia civil. Sospecho también que este acto transformador, este puente Concord* de la cultura del reino, tomará su nombre de la única iglesia que tuvo la voluntad de resistir cuando la resistencia era lo único que le quedaba a un cristiano.

SANTIFICACIÓN Y SERVICIO

La organización paraguas para el «voluntariado» en Estados Unidos se denomina Corporación para el Servicio Comunitario Nacional (CNCS). Cuando busqué en Google CNCS, los tres primeros titulares que aparecieron fueron «Nuevas oportunidades de financiación»,

* El sitio histórico de la primera resistencia estadounidense contra los británicos. (N. del trad.)

«eBecas» y «Empleo».[3] Esto le dará cierto sentimiento de lo que trata esta obra de servicio en una organización gubernamental de más de miles de millones de dólares. Estoy seguro de que algunas buenas personas trabajan ahí, pero también estoy seguro de que hay muchas personas con poder en la CNCS cuya principal tarea es hacer avanzar las fortunas políticas de la persona que les nombró.

Podemos tener bastante confianza en que Jesús no tenía en mente una CNCS cuando dijo, tal como se registra en Mateo 25.34–36, las siguientes palabras de sabiduría:

> Venid, benditos de mi Padre, heredad el reino preparado para vosotros desde la fundación del mundo. Porque tuve hambre, y me disteis de comer; tuve sed, y me disteis de beber; fui forastero, y me recogisteis, estuve desnudo, y me cubristeis; enfermo, y me visitasteis; en la cárcel, y vinisteis a mí.

Los santificados no leen la página de beneficios en la página web de una organización antes de decidir si alimentan a los hambrientos o acogen al extranjero. Cuando estos instintos son politizados, privan al dador de la oportunidad de hacer el bien por sí mismo y al receptor de la oportunidad de agradecer el bien que se ha hecho.

En 2011, por ejemplo, una mujer de Michigan ganó un millón de dólares en la lotería estatal y decidió cobrar sus ganancias como pago en efectivo de 700 000 dólares. Lo que no hizo fue declarar su ganancia al Departamento de Servicios Humanos del estado. De hecho, ella continuó recibiendo y utilizando cheques de alimentos, pagados por los contribuyentes de Michigan, la gran mayoría de los cuales tenían menos dinero que ella.[4] Aunque este es un ejemplo extremo, el diseño de los sistemas de ayuda social hace que muchas personas sean engañadoras. Una vez dependientes del estado, los receptores son fácilmente explotados por políticos que buscan cambiar sus votos prometiéndoles más del dinero de otras personas.

Cuando historias como la de la gran ganadora de la lotería en Michigan llegan a las noticias, ahogan el impulso caritativo incluso de personas generosas y convierten en cínicos a los de buen ánimo. Nuestra misión como cristianos de la cultura del reino es trascender a ese cinismo. Cuando veamos una necesidad, deberíamos satisfacerla, ya sea personalmente o mediante una respuesta organizada por nuestra congregación. Eso es lo que somos como pueblo, lo que tenemos que ser.

Hay algo más a considerar: la caridad cristiana está situada plenamente en el nexo de la cruz. Tanto en el Nuevo Testamento como en el Antiguo Testamento, la persona daba limosnas para agradar a Dios y también para ayudar a los pobres. La palabra *acreedor*, por ejemplo, se deriva de la palabra latina *credere*: «creer». En un sentido muy real, dar a los pobres es testificar de la creencia de la persona en Dios. Como Jesús le dijo al joven rico en Mateo 19.21: «Si quieres ser perfecto, anda, vende lo que tienes, y dalo a los pobres, y tendrás tesoro en el cielo; y ven y sígueme». La recompensa había que esperarla no en la tierra sino en el cielo. Esto es algo que ninguna burocracia estatal puede entender.

Para ser justos, la Fundación Cristiana Nacional, la mayor fundación cristiana del mundo que otorga becas, también trata los detalles de otorgar becas y deducciones fiscales, pero el espíritu que motiva el dar es radicalmente diferente, y también lo son los resultados. «Derramaré mi Espíritu sobre toda carne», dice Joel 2.28, «y profetizarán vuestros hijos y vuestras hijas; vuestros ancianos soñarán sueños, y vuestros jóvenes verán visiones».[5] Desde 1982, la Fundación ha otorgado más de tres mil millones de dólares en becas a miles de iglesias, ministerios y organizaciones sin ánimo de lucro.

Ni uno solo de esos dólares fue coaccionado. Ni un solo donante potencial huyó del país o presentó un beneficio falso para evitar tener que dar. Ni un solo receptor pensó que era su «derecho» recibir una beca. Ningún grupo de receptores formó un colectivo para demandar más. Y muy pocos de esos dólares fueron desperdiciados, derrochados o extorsionados, de modo que ni siquiera valía la pena rastrearlos. Así es como funciona la agenda del Cordero. El mejor gobierno no puede rivalizar con su eficiencia o ni siquiera soñar con capturar su espíritu.

15.

He aquí el Cordero

Nuestra relación vertical conlleva consecuencias horizontales, y nuestras relaciones horizontales conllevan consecuencias verticales. Las relaciones son una cuestión de decisión. La vida se trata de decisiones. Las decisiones que tomemos hoy determinarán la vida que vivamos mañana. Tenemos la decisión de creer o no creer, de seguir un sueño o sucumbir a una pesadilla, de levantar nuestra cabeza o caminar con lamento, de permanecer en el desierto o marchar hacia la tierra prometida. Tenemos la opción de vivir por fe o caminar por vista, de mirar atrás o seguir adelante, de quedarnos en silencio debido al pecado o de gritar de alegría debido a la gracia. Tenemos una decisión hoy, una decisión entre vivir en el valle o gobernar desde lo alto de la montaña.

Esa es una decisión que tomó Abraham cuando se mantuvo decidido a ascender con su sacrificio, esperando obtener el cordero:

> Y tomó Abraham la leña del holocausto, y la puso sobre Isaac su hijo, y él tomó en su mano el fuego y el cuchillo; y fueron ambos juntos. Entonces habló Isaac a Abraham su padre, y

dijo: Padre mío. Y él respondió: Heme aquí, mi hijo. Y él dijo: He aquí el fuego y la leña; mas ¿dónde está el cordero para el holocausto? (Génesis 22.6–7)

Lo que transportemos hoy será nuestra cama para mañana

Isaac transportó la leña hasta el lugar mismo en el cual sería atado poco después. Deberíamos hacernos la pregunta: ¿qué estamos transportando? El hecho es que lo que transportamos determinará lo que produzcamos. Lo que transportamos hoy será nuestra cama para mañana. Si llevamos amargura, estaremos tumbados sobre amargura. Si transportamos odio, estaremos atados al odio. Si transportamos envidia, estaremos tumbados sobre envidia; pero si transportamos gozo, si transportamos paz, si transportamos amor, si transportamos justicia, descansaremos sobre gozo, paz, amor y justicia en el Espíritu Santo. En esencia, descansaremos en la abundancia del reino de Dios.

Aferrarse al fuego

Notemos que Abraham le entregó a Isaac la leña, pero ¿quién transportaba el fuego? Abraham transportaba el fuego. ¡Aferrarse al fuego! Mire, el fuego siempre debe estar en nuestras manos. Todos pueden llevar la leña, todos pueden llevar los bienes, pero si tenemos el fuego, todo es posible.

Cuando el ejército de Gedeón luchó con los madianitas, el fuego estaba en manos de su ejército. Cuando Elías les indicó que pusieran más agua sobre la leña, él clamó pidiendo fuego.

Juan el Bautista dijo: «Yo a la verdad os bautizo en agua; pero viene uno más poderoso que yo, de quien no soy digno de desatar la correa de su calzado; él os bautizará en Espíritu Santo y fuego» (Lucas 3.16).

El fuego es el combustible para la justicia; el fuego es el hambre de rectitud. ¿Quién ascenderá y conquistará? ¡Aquellos que no suelten el fuego! Dios está buscando a un hombre o una mujer que se siga aferrando al fuego: el deseo de hacer lo correcto incluso en medio de la crítica, la persecución y posiblemente el encarcelamiento o la muerte.

¿DÓNDE ESTÁ EL CORDERO?

Isaac entonces hizo la pregunta de los cien millones: «He aquí el fuego y la leña; mas *¿dónde está el cordero?*». A veces, nos encontramos haciendo la misma pregunta: Dios, he orado. He ayunado. He confesado, pero ¿dónde está la respuesta? Y al igual que con Abraham, la respuesta es que Dios proveerá.

¿Dónde está el cordero? Durante dos mil años la humanidad hizo la misma pregunta, y entonces llegó la respuesta en Juan 1.29: «He aquí el Cordero de Dios, que quita el pecado del mundo». Jesús es el Cordero.

Una vez más, la humanidad clama: «¿Dónde está el Cordero?». Desde todos los estratos de la sociedad, hombres y mujeres, niños y ancianos, claman por el Cordero. Debemos levantarnos y responder con la respuesta de Juan el Bautista: «He aquí el Cordero de Dios».

Que esta generación se sacuda los grilletes de la complacencia y de la mediocridad a la vez que declara: «He aquí el Cordero. He aquí el Cordero que trae rectitud y justicia. He aquí el Cordero que activa la santificación y el servicio. He aquí el Cordero que reconcilia el mensaje con la marcha, a Billy Graham con el doctor King, la santidad con la humildad, la ortodoxia con la ortopraxia, *imago Dei* con *habitus Christus*, la verdad con el amor».

El apóstol Juan vio al Cordero sentado en el trono. El Padre no solo proveyó el Cordero, sino que también sentó al Cordero en el trono, lo cual significa que el Cordero reina y gobierna. Mientras el Cordero esté en el trono, hay esperanza.

En un viaje a Israel, visité unos olivares. La directora de la granja y el campamento circundante señaló a un olivo y me pidió que adivinara la antigüedad del árbol. Yo respondí: «Cien o doscientos años». Ella dijo: «Ese árbol está en algún punto entre mil quinientos y dos mil años».

Yo pregunté: «¿Cómo puede un árbol sobrevivir por tanto tiempo?». Ella respondió rápidamente: «Ese árbol ha experimentado incendios y sequías, y sigue estando firme. Sencillamente, las raíces están dentro de las rocas. Mientras la roca no se mueva, ese árbol vivirá».

Cristo es nuestra roca. Mientras nuestra roca, el Cordero, esté en el trono, hay esperanza para nuestra nación, esperanza para nuestros hijos, esperanza para nuestra fe y esperanza para la humanidad. Mientras el Cordero esté en el trono, la fe, la esperanza y la caridad vivirán.

Apocalipsis 5.5 nos dice que el Cordero es quien es capaz de abrir lo que otros no pueden abrir.

Y Apocalipsis 5.9 nos dice el Cordero es quien produce un nuevo canto.

En Apocalipsis 12.11 aprendemos de los supervivientes en su batalla contra Satanás, que «le han vencido por medio de la sangre del Cordero y de la palabra del testimonio de ellos, y menospreciaron sus vidas hasta la muerte».

La agenda del Cordero abre el libro y revela verdad. La agenda del Cordero produce un nuevo canto, el canto de los redimidos. La agenda del Cordero nos capacita para vencer. Porque no podemos bailar en la tierra prometida hasta que aprendamos a cantar en el desierto.

Por tanto, sigamos adelante con la agenda del Cordero. Hablemos al barrio y a Beverly Hills, a quienes están en Wall Street y en

Main Street, a todos en esta generación cansada de política partisana, cansada de nomenclatura arcaica, cansada de desacuerdo y peleas, pero hambrienta de rectitud y justicia.

A usted digo: levantémonos y declaremos: «He aquí el Cordero de Dios, que quita el pecado del mundo».

Al hacerlo, al reconciliar el mensaje de rectitud de Billy Graham con la marcha de justicia de Martin Luther King, un día diremos:

> «Al que está sentado en el trono, y al Cordero, sea la alabanza, la honra, la gloria y el poder, por los siglos de los siglos». (Apocalipsis 5.13)

Reconocimientos

Quiero reconocer a dos individuos que me han inspirado a reconciliar convicción con compasión, verdad con amor, y rectitud con justicia: Billy Graham y el doctor Martin Luther King Jr.

Además, a Bill Dallas, Jay Mitchell, el equipo de Thomas Nelson y, desde luego, a Jack Cashill. Gracias a todos por creer.

Finalmente, a mi esposa, mis hijos, mi familia y la congregación de mi iglesia: sus oraciones me impulsaron y aquí estamos, comprometidos a dar avance a la agenda del Cordero.

Notas

Introducción: El Tercer Gran Despertar

1. Charles Dickens, *A Tale of Two Cities* (Nueva York: Scribners and Sons, 1867), p. 1 [*Historia de dos ciudades* (Santiago: Andres Bello, 1992)].
2. Tácito, *Annals*, XV, trad. por Alfred John Church y William Jackson Brodribb, *The Internet Classics Archive.*
3. Maureen Cleave, «How Does a Beatle Live?», *London Evening Standard*, 4 marzo 1966.

Capítulo 1: Un movimiento de la cruz: vertical y horizontal

1. Para leer un relato completo de esta historia, ver Eric Metaxas, *Bonhoeffer: Pastor, mártir, profeta, espía* (Nashville, Grupo Nelson, 2012).
2. Aunque hay diferentes versiones de este texto, este es el texto exacto de lo que dijo Martin Niemöller en su discurso al Congreso de EE.UU., y que aparece en Congressional Record, 14 octubre 1968, p. 31636.
3. «Chinese authorities expel Shouwang Church member from Beijing», *Christianity Today*, 30 junio 2011.
4. «In Opposing the Right to Same-Sex Marriage, Catholic Leadership Opposes Laity and Wider Public», *Rainbow Sash Movement*, 9 febrero 2012.
5. Como se cita en Greg Gordon, «Revival at Any Cost!», Gospel.com.
6. Kansas Evolution Hearings, Parte 6, *The TalkOrigins Archive.*
7. William Provine, *Academe*, enero/febrero 1987, pp. 51–52.
8. Ibíd.
9. Reinhard Hutter, «Flight from Sadness», dicho como un sermón en la iglesia First Congregation en Harwich, Massachusetts, 1 abril 2012.

10. Henry David Thoreau, *Walden, or Life in the Woods* (Forgotten Books, forgottenbooks.org, 2008), p. 228. [*Walden, o, Mi vida entre bosques y lagunas* (Buenos Aires: Espasa-Calpe Argentina, 1949)].
11. Linda Ronstadt, «Different Drum», escrita y compuesta por Michael Nesmith antes de unirse a los Monkees, 1967.
12. Jimi Hendrix, «If 6 was 9», grabada por The Jimi Hendrix Experience, 1967.
13. «My Way», escrita por Paul Anka y grabada por Frank Sinatra, 1968.
14. John Lennon, entrevistado por Jonathan Colt, 5 diciembre 1980, apareció en *Rolling Stone*, 22 enero 1981.
15. Ibíd.
16. Como se cita en «Aftershock», Angelfire.com.
17. Edward Mote, de dominio público, 1834. Traductor desconocido.

Capítulo 2: Movimiento profético contra movimiento patético

1. Éxodo 9.1.
2. Josué 24.15.
3. 2 Samuel 17.45.
4. Daniel 3.19–25.
5. Thomas Jefferson, *Declaración de Independencia*, 2 julio 1776.
6. Abraham Lincoln, Segundo discurso de investidura, 4 marzo 1865.
7. Martin Luther King Jr., discurso «Yo tengo un sueño», 28 agosto 1963.
8. Ronald Reagan, discurso en el Desayuno Nacional de Oración, 31 enero 1985.
9. Isaías 6.3.
10. *Declaración de Independencia*, 2 julio 1776.
11. Cinta número Q 134, Jonestown Audiotape Primary Project, transcripción preparada por Fielding M. McGehee, III. The Jonestown Institute.
12. Antonio Gramsci, selecciones de escritos culturales (Londres: Lawrence & Wishart, 1985), p. 41.
13. George Whitefield, sermón «The Lord Our Righteousness», http://www.anglicanlibrary.org/whitefield/sermons/14.htm.
14. John Bartlett, *Barlett's Familiar Quotations*, 16ta edición, John Wesley (Little, Brown, & Co., 1992), p. 309.
15. John Wesley, *The Means of Grace, a Sermon on Malachi iii.7*, Gale ECCO, Print Editions (24 junio 2010).
16. William Lloyd Garrison, «On the Death of John Brown», Colección de Grandes Discursos, The History Place.
17. Scott Clement, «The Tea Party, Religion and Social Issues», *PewResearchCenter Publications*, 23 febrero 2011.
18. David Sessions, «The Christian Right in Disguise?», *The Daily Beast*, 18 agosto 2011.
19. Jon Brand, «Tea party: Libertarian revolt or religious right in disguise?», *Christian Science Monitor*, 21 abril 2011.

20. Tim Koelkebeck, «Is the Religious Right Taking Over the Tea Party?», *Huffington Post*, 27 octubre 2010.
21. «Anti-Semitic Protester at Occupy Wall Street—LA», YouTube.com, 14 octubre 2011.
22. Joseph Berger, «Cries of Anti-Semitism, but Not at Zuccotti Park», *New York Times*, 21 octubre 2011.
23. Cindy Wooden, «Vatican officials see agreement in church teaching, Occupy Wall Street», *The Catholic Register*, 24 octubre 2011.
24. Lisa Miller, «Jesus at Occupy Wall Street: "I feel like I've been here before"», *Washington Post*, 20 octubre 2011.

Capítulo 3: No el asno ni el elefante, ¡sino el Cordero!

1. Myles Collier, «Gallup Poll Church Attendance: Republicans Attend More Services Than Democrats», *Christian Post*, 9 noviembre 2011.
2. Kevin Merida y Helen Dewar, «In Boom of Phone and Fax Activism, Citizens Give Government an Earful», *The Washington Post* (1 febrero 1993): A1.
3. *Religulous*, «Memorable Quotes», imdb.com.
4. Ibíd.
5. Katherine Phan, «Hollywood Celebrities Mock Christians in Anti-Prop. 8 Video», *Christian Post*, 8 diciembre 2008.
6. John Lennon, «Imagine», 1971. Véase letra completa en www.oldielyrics.com/lyrics/john_lennon/imagine.html.
7. Abraham Lincoln, «Second Inaugural Address», 4 marzo 1865, www.bartleby.com.
8. «America's Godly Heritage», *Jeremiah Project*.
9. Jesse Jackson, reimpreso como «How we respect life is the over-riding moral issue», *Right to Life News*, enero 1977.
10. Ibíd.
11. Ted Kennedy, carta al miembro de la Liga Católica Tom Dennelly, 1971, «Ted Kennedy, Abortion Advocate and Health Reform Mastermind, Dead at 77», *LifeSiteNews.com*, 26 agosto 2009.
12. Arthur C. Brooks, *Who Really Cares: America's Charity Divide: Who Gives, Who Doesn't, And Why It Really Matters* (Nueva York: Basic Books, 2006).
13. Ibíd., p. 22.

Capítulo 4: Rectitud y justicia

1. C. S. Lewis, *Dios en el banquillo* (Madrid: Rialp, 1996).
2. Jack Cashill: *Hoodwinked: How Intellectual Hucksters Have Hijacked American Culture* (Nashville: Thomas Nelson, 2005), p. 31.
3. Michelle Brock, «Meet An Abolitionist: William Wilberforce», *Hope for the Sold*, 1 abril 2011.
4. Susan Verstraete, «William Wilberforce and the Great Change», bulletininserts.org.

5. Rusty Wright, «William Wilberforce and Abolishing the Slave Trade», probe.org.
6. Kevin Belmonte, *William Wilberforce. A Hero for Humanity* (Grand Rapids: Zondervan, 2007), p. 90.
7. *The Big Book*, anonpress.org, p. 13.
8. Ibíd., p. 14.
9. Ibíd.
10. Martin Luther King, Jr., «Where Do We Go From Here?» 1967, como se publicó en *Where Do We Go from Here: Chaos or Community*? (Boston: Beacon Press, 2010), p. 62 [*A dónde vamos: ¿caos o comunidad*? (Barcelona: Aymá, 1968)].
11. Martin Luther King, Jr., «Address to the first Montgomery Improvement Association Mass Meeting», 5 diciembre 1955.
12. «Charles W. Colson», prisonfellowship.org.
13. David Kinnaman y Gabe Lyons, *unChristian: What a New Generation Really Thinks about Christianity . . . and Why It Matters*, (Baker Books, 2007), p. 174. [*Casi cristiano* (Lake Mary, FL: Casa Creación, 2009)].
14. «An Interview With Charles Colson», Assemblies of God, ag.org.
15. Jack Cashill, *What's the Matter With California* (Nueva York: Simon & Schuster, 2007), p. 240.
16. Joe Matthews, «Labor Is Backing Abortion Rights», *Los Angeles Times*, 7 agosto 2006.
17. Steve Macias, «Sierra College Dishonors Chávez Legacy with Pro-Abortion Forum», studentsforlife.org, 16 marzo 2012.

Capítulo 5: Reconciliar a Billy Graham con Martin Luther King Jr.

1. Recuerdo del autor.
2. «Why "Christianity Today"?», *Christianity Today*, 15 octubre 1956.
3. Laura Hillenbrand, *Unbroken: A World War II Story of Survival, Resilience, and Redemption* (Nueva York: Random House, 2010), p. 370. [*Inquebrantable: una historia de supervivencia, fortaleza y redención durante la Segunda Guerra Mundial* (Doral, FL: Aguilar, 2011)].
4. Ibíd., p. 376.
5. Gary Krist, «Laura Hillenbrand's "Unbroken"», *Washington Post*, 12 noviembre 2010.
6. Alexander J. Sheffrin, «Alveda King Calls Abortion "Racist"», *Christian Post*,15 abril 2008.
7. Ira F. Stanphill, © 1946 New Spring (Admin. by Universal Music Publishing MGB Australia Pty).

Capítulo 6: Reconciliar Juan 3.16 con Mateo 25

1. Kevin Dolak, «Bill Maher Courts Controversy Over Tim Tebow Tweet», *ABC News*, 28 diciembre 2011.
2. «Locker Room», *SNL Transcripts*, 17 diciembre 2011.

3. Kate Alexander, «On Easter Sunday, Tebow Is a Headliner», *New York Times*, 8 abril 2012.
4. Joe Tacopino, «Women's groups protest Tim Tebow's pro-life Super Bowl ad for Focus on the Family», *New York Daily News*, 26 enero 2010.
5. Tim Tebow «"Focus on the Family" Super Bowl Commercial Video», *Bookroom Reviews*, 7 febrero 2010.
6. Tim Tebow, *Through My Eyes: A Quarterback's Journey*: (Nueva York: HarperCollins, 2011), p. 57.
7. Ibíd., p. 29.
8. Todas las citas que siguen de «Interview with Hal Donaldson», *AGTV*, 26 mayo 2010.

Capítulo 7: Un movimiento de cultura del reino

1. Luis Lugo, «Here Come "Los Evangélicos"!», *PewResearchCenter Publications*, 6 junio 2007.
2. Samuel Rodriguez, «Mercy Rising–A Call to Love the Immigrant», *Enrichment Journal.*
3. Ibíd.
4. Ibíd.
5. Ibíd.
6. Ibíd.
7. Ibíd.
8. Ibíd.
9. Ibíd.
10. Ibíd.
11. «Analysis of California Proposition 8 Exit Poll Data», www.madpickles.org.
12. «The Manhattan Declaration», manhattandeclaration.org.

Capítulo 8: Un movimiento en HD o analógico

1. «Religion Among the Millennials», *The Pew Forum on Religion & Public Life*, 17 febrero 2010.
2. Nancy Dillon, «Whitney Houston told friends her end was near», *New York Daily News*, 15 febrero 2012.
3. «Barton W. Stone on the Perfect Creed», *The Fellowship Room*, 21 octubre 2010.

Capítulo 9: El liderazgo de Juan el Bautista

1. «Go Down Moses» es un espiritual afroamericano de época incierta. Describe eventos en Éxodo 7.16.

Capítulo 10: Reconciliar el Cordero vertical con el León horizontal

1. Dereck Joubert, *The Last Lions*, 2011, como lo recuerda el autor.

2. Flannery O'Connor, *Wiseblood* (Nueva York: Farrar, Strauss and Giroux, 1990), p. 101. [*Sangre sabia* (Barcelona: Editorial Lumen, 1966)].
3. Billy Graham, «A Time for Moral Courage», *Reader's Digest*, julio 1964.
4. «The Manhattan Declaration», manhattandeclaration.org.
5. S. E. Cupp, *Losing Our Religion: The Liberal Media's Attack on Christianity* (Nueva York: Simon & Schuster, 2010), pp. 53–54.
6. Barack Obama, Saddleback Presidential Candidates Forum, 17 agosto 2008.
7. Barack Obama, *The Audacity of Hope: Thoughts on Reclaiming the American Dream* (Nueva York: Random House, 2006), p. 222 [*La audacia de la esperanza: reflexiones sobre la reivindicación del sueño americano* (Nueva York: Vintage Español, 2007)].
8. Carrie Prejean, *Still Standing: The Untold Story of My Fight Against Gossip, Hate, and Political Attacks* (Washington: Regnery, 2009), p. 221.
9. «The Manhattan Declaration», manhattandeclaration.org.
10. Matthew Cortina, «Faith Group Protests Southern Poverty Law Center Over "Hate Group" Label», *Christian Post*, 17 enero 2012.
11. Todd Starnes, «Proposed Law Would Force Churches to Host Gay Weddings», *FOX News*, 23 abril 2012.
12. Ibíd.
13. «Dan Savage discusses The Holy Bible at a Seattle High School Journalism convention», YouTube, youtube.com/watch?v=uzrxhzHxBlU.
14. «Circular by various Protestant ministers on behalf of the activities of the New England Emigrant Aid Company», *Territorial Kansas Online*, 1854–1961.
15. Eli Thayer, «The Suicide of Slavery», proclamado en la Casa de Representantes, 25 marzo 1858.
16. «Phill Kline at the Eagle Forum», YouTube.com.
17. Para una discusión completa, véase Jack Cashill, «The Man Behind the Curtain», KFL.org.

Capítulo 11: Reconciliar Plymouth Rock con Jamestown

1. George Washington, carta, 11 marzo 1792.
2. Véase usconstitution.net/mayflower.html para el documento completo.
3. Caleb Johnson ed., *William Bradford: Of Plymouth Plantation* (Bloomington, IN: Xlibris, 2006), p. 171.
4. Religiousfreedom.lib.virginia.edu/sacred/charity.html para el documento completo.
5. «God Bless America» está controlada por Irving Berlin Music, una división de Williamson Music. No es de dominio público. La recaudación por la licencia beneficia a los Boy Scouts de América.
6. La Marsellesa es de dominio público en Estados Unidos.
7. Véase constitution.org/fr/fr_drm.htm para el texto completo.
8. John O'Sullivan, «Annexation», *Democratic Review*, julio–agosto 1845.
9. Caleb Johnson, p. 257.

10. Jeremiah Evarts, «A Brief View», *New York Observer*, 16 diciembre 1829.
11. Thomas Jefferson, *Notes on the State of Virginia*, 1785, capítulo 18, American Studies at the University of Virginia, xroads.virginia.edu.
12. Harriet Beecher Stowe, thinkexist.com.
13. Ronald Reagan, Anuncio Oficial de Candidatura para la Presidencia, 13 noviembre 1979.
14. John Winthrop, «A Model of Christian Charity».
15. «U.S. Supreme Court Upholds Ministerial Exemption», HR.BLR.com, 12 enero 2012.
16. George Washington, carta, 11 marzo 1792.

Capítulo 12: Reconciliar ***Imago Dei*** **con** ***Habitus Christus***

1. Kyle Smith, «Wait A Minute—Why Should I Hate Bernie Madoff?», Forbes.com, 9 febrero 2011.

Capítulo 13: El nexo de la cruz

1. «Biography: Mother Teresa of Calcutta (1910–1997)», *Vatican News Service*.

Capítulo 14: Reconciliar fe con acción

1. «About Francis Bok», The Francis Bok Foundation.
2. Martin Luther King, «Letter from the Birmingham Jail», 16 abril 1963.
3. Corporation for National and Community Service, nationalservice.gov.
4. Jeff Black, «Michigan lottery winner charged with welfare fraud», msnbc.com, 17 abril 2012.
5. National Christian Foundation, nationalchristian.com.

Índice de escrituras

ÍNDICE DE TÓPICOS

U

V

W

Z

Acerca del Autor

El Reverendo Samuel Rodriguez es presidente de National Hispanic Christian Leadership Conference (Conferencia Nacional de Líderes Hispanos Cristianos), la mayor organización cristiana hispana de Estados Unidos. Denominado por la CNN «el líder del movimiento evangélico hispano» y por el *San Francisco Chronicle* como uno de los nuevos líderes evangélicos de Estados Unidos, Rodriguez es también el receptor del premio Martin Luther King Jr. Award presentado por el Congreso sobre Igualdad Racial. Destacado conferencista en la Casa Blanca y en reuniones congresales, ha sido presentado, retratado y citado por medios de comunicación como *The New York Times*, *Christianity Today*, *Washington Post*, *Wall Street Journal*, *Newsweek*, Univision, Fox News, *Time* y *Ministries Today*. Rodriguez es también el pastor principal de la iglesia New Season Christian Worship Center en Sacramento, California.